【特別書封版】

課本上學不到的
漫畫中國史

書上正經嚴肅的歷史人物，都在這裡露出了鮮活真面目！

朕說‧黃桑　編繪

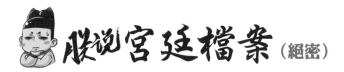

朕說宮廷檔案（絕密）

黃桑

一個集賤萌與貪吃於一身的皇帝，

日常小聰明，毒舌侃八卦，

資深「肥宅」，卻胸懷整個天下。

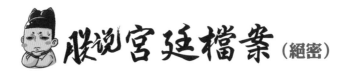

朕說宮廷檔案（絕密）

小太監

善良可愛，敏感細膩，
照顧黃桑的飲食起居，
是宮裡深得人心的小暖男。

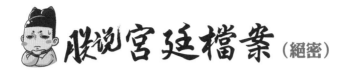 朕說宮廷檔案 (絕密)

錦衣衛

宮裡的「顏值擔當」，

身手不凡，冷酷面癱。

原是被派來刺殺黃桑的殺手，

卻被黃桑當場高價收買。

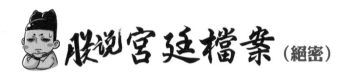 # 朕说宫廷档案 （絕密）

宫廷寵物：然鵝

一隻永遠都吃不飽的鵝，
處於食物鏈的最底層，
是黃桑的寵物。
雖然一直被黃桑欺負，
卻幻想著有一天能稱霸皇宮。

宫廷寵物：蛋是

一隻可愛的柴犬。
看家護院，宫廷必備。

目錄

一 名人檔案篇

二 宮廷百科篇

三 行走江湖篇

四 生活趣聞篇

1 紂王真的是一無是處的暴君嗎？

3000 多年前的某個黃昏，商代誕下了一個王子。貞人掐龜甲一算，王子叫受，他爹姓子，於是大家親切地喊他：

子受有兩個哥哥：大哥微子啟，二哥微仲衍。立長不立賢，按道理，微子啟是下一代商王。

然而

子憑母貴，子受沾了王后媽媽的光，成了嫡長子，大哥就莫名其妙成了庶子。

子受不僅運氣好、顏值高，腦袋也頂呱呱。辯論能力出眾，臂力更驚人，還能徒手打死老虎。

> 帝紂資辨捷疾，聞見甚敏；材力過人，手格猛獸。
>
> ——《史記・殷本紀》
>
> 帝紂長巨姣美，天下之傑也；筋力超勁，百人之敵也。
>
> ——《荀子・非相》

　老爸駕崩後，子受 30 歲繼位，按照天干地支取帝名，子受生在辛時，取名帝辛。

　但我們只知道他叫商紂王。

　從小受《封神榜》影響，我們印象中的紂王不是在酒池肉林和妲己玩水，就是在看臣子被燒烤（炮烙），又蠢又色又自大，跟他少年時一點都不一樣。

然而，他真的是史官筆下十惡不赦的暴君嗎？他有沒有作過有建設性的事呢？

1. 紂王有何罪？

作為一個部落，周要伐商，必須順應天意民意，否則就是謀權篡位。於是，周武王寫了小作文《牧誓》，開牧野之戰的動員大會，列舉了子受的六條大罪：

憑這六條大罪，周人定下了子受的諡號——紂王（紂的意思是：殘暴獨斷，荒淫暴虐。）

不得不說，在中華 400 多個帝王中，這個諡號最壞，還是子受一人獨有。

隨著考古的深入，後人發現子受貌似有點冤枉。

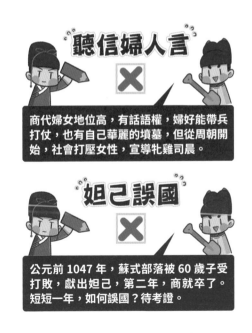

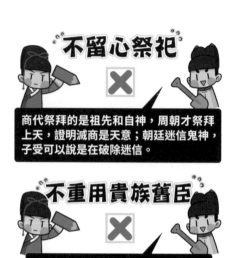

不留心祭祀 ✕

商代祭拜的是祖先和自神，周朝才祭拜上天，證明滅商是天意；朝廷迷信鬼神，子受可以說是在破除迷信。

不重用貴族舊臣 ✕

商朝聯邦制分裂，王權受到威脅，子受與貴族面臨信任危機。

由此看來，要敲定子受是十惡不赦的暴君，這六條罪有點弱。

而周滅商最直接的原因，是子受的爺爺殺害了周文王的父親季曆。當時季曆不斷擴張周國勢力，商王受到威脅，於是殺雞儆猴。

這是在為父報仇啊？這個坑埋得也太深了吧？子受接下「日要落」王朝——商，成了一隻代罪羔羊。

2. 紂王有何用？

　　據西漢《淮南子》記載，子受剛上位時執政能力還是不錯的。當時國家不斷分裂，商代必須走向家天下，才能躲過一劫。不是外人動手，就是自己動手。

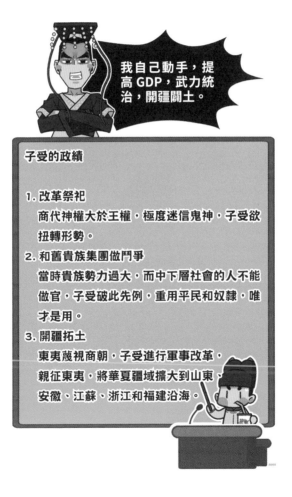

我自己動手，提高 GDP，武力統治，開疆闢土。

子受的政績

1. 改革祭祀
   商代神權大於王權，極度迷信鬼神，子受欲扭轉形勢。
2. 和舊貴族集團做鬥爭
   當時貴族勢力過大，而中下層社會的人不能做官，子受破此先例，重用平民和奴隸，唯才是用。
3. 開疆拓土
   東夷蔑視商朝，子受進行軍事改革，親征東夷，將華夏疆域擴大到山東、安徽、江蘇、浙江和福建沿海。

紂王兼天下，朝諸侯，人跡所及，舟楫所通，莫不賓服

——《淮南子》

子受開疆拓土用力過猛，燒錢又耗人力。牧野之戰開打時，子受剛好跟東夷打完，沒兵沒糧，只好放出東夷俘虜拼死一搏。最後，他被周武王砍首。

> 這場景似曾相識啊。秦朝同樣是放出戰俘抵抗陳勝和六國叛軍，因為其主力一部分在南征百越，一部分在北擊匈奴。

由此看來，雖然子受好色愛喝酒，脾氣暴躁，用酷刑，但還是做了點帝王該做的事，並沒有那麼荒淫無道。

從甲骨文的記載中可以看出，紂王時期的製作、征伐、田獵、祭祀整齊嚴謹，說明紂王治國並不是一攤爛泥。怪不得後來有人為他說話：「其實紂王是個很有本事、能文能武的人。他經營東南，鞏固東夷和中原的統一，在歷史上是有功的。」

中華民族能向南發展，是紂王的功勞。他對東南的經營，使以後中原文化逐漸發展到了東南。

3. 為什麼大家印象中的紂王沒幹過什麼有益的事呢？

　　紂王暴君的人設是周人給的，讓紂王成為歷代君王的「反面教材」卻是明朝《封神演義》的「功勞」。

相差 2000 多年，我跟你什麼仇什麼怨？為何抹黑寡人？

???

抹黑你，似乎是歷朝歷代的默契。

歷史學家曾寫過《紂惡七十事的發生次第》，他發現商紂王共有 70 條罪狀，是各朝各代陸續加上去的：戰國增加 20 項、西漢增加 21 項、東晉增加 13 項，而且這些罪狀越寫越誇張。

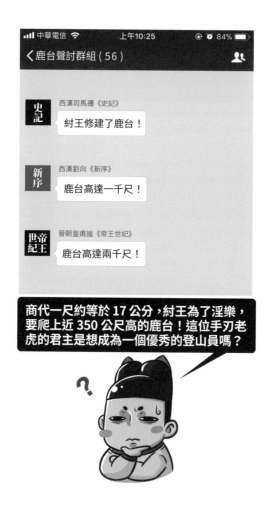

在歷代史學家和官員眼裡，紂王一直是一個很好用的暴君哏。他們把各種不可饒恕的罪名都扣在紂王頭上，拿來規勸君王以史為鏡。

在作家眼裡，紂王符合「爽文」標準。如果周武王是天下第一仁君，那他打敗的一定是暴君，不然怎麼以天意服人？

所以，作家們發揮想像力，混著野史添油加醋，紂王變得越來越十惡不赦。900多年後，司馬遷在找資料寫《史記》時，商紂王的罪行已是不可勝數。

《呂氏春秋》還說過，紂王和哥哥微子啟是同父同母的兄弟。生哥哥時，媽媽是妾，生紂王時，才升為王后，所以紂王才成了嫡長子。

我一直都是長子！長子！同爹不同媽！呂不韋還我清白！

當時又沒有挖掘機、洛陽鏟、數據庫，怎麼考古呢？

只有《論語》看破了這一切。紂王沒有傳說的那麼壞,因為君子憎恨處在劣勢的人,所以把天下所有壞名聲都歸到他身上。

> 紂之不善,不如是之甚也。是以君子惡居下流,天下之惡皆歸焉。
>
> ——《論語》

我們現在已經很難知道紂王的真面目,剩下的只能交給考古學。唯一確定的是他失敗了,成王敗寇,輸了得認。

咱們能做的就是——

買一個好的放大鏡，不放過歷史上的任何蛛絲馬跡。

彩蛋！

紂王當時重用平民和奴隸，讓他們免於被屠殺和祭祀，其中有兩父子：飛廉和惡來。兒子惡來在牧野之戰殉國，父親飛廉則隱居奄國，三年後帶領族人參與三監之亂，讓周朝動盪，最後被周公旦滅國。

800 多年後，飛廉的子孫裡誕生了一位名叫嬴政的孩子，親手結束了東周，完成了華夏統一大業，建立起一個統一的多民族的中央集權的封建國家——秦朝。

歷史的緣分，妙不可言。

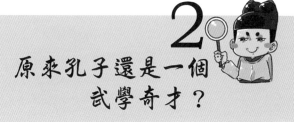

說到孔子，大家腦海中首先浮現的形象可能是這樣的。

但有人說，孔子其實可能是這樣的。

那麼孔子到底是個文弱書生，還是個肌肉男呢？

雖然孔子以老師的身分出道，但能證明孔子是肌肉男的證據還真不少。

證據 1：基因強大

古人不知道什麼是遺傳基因，但也知道「龍生龍鳳生鳳，老鼠的兒子會打洞」這個道理。

而孔子的老爸叔梁紇可不是什麼普通人。

孔子他爸姓叔？？

不是啦，他爸是子姓，孔氏，名紇，字叔梁，
但不知道為啥大家都叫他叔梁紇。

在《左傳》裡，叔梁紇是魯國有名的猛將，天生神力，勇武過人。

有一次，晉國聯合魯國等 13 個國家一起去攻打偪陽國。偪陽國雖然小，但是挺有骨氣，憑藉天然的地理優勢和 13 國聯軍打得有來有回。偪陽國還引誘魯國軍隊進城，然後突然放下閘門，擋住魯軍的退路，打算來個甕中捉鱉。

眼看魯軍中計，即將全軍覆滅。情急之下，叔梁紇竟然憑藉一己之力扛住閘門，為魯軍爭取時間，讓他們安全撤回。

可見，孔子他爸身高體壯，天生神力。孔子很可能繼承了他爸的身體素質，一開始就贏在了起跑線上。

證據 2：古代「姚明」

　　出來混，都要先起個響噹噹的外號，例如有一把漂亮鬍子的關羽叫「美髯公」；打扮像個行者的叫「行者武松」。這些外號朗朗上口，一聽就能讓人聯想到其主人的模樣。

　　事實證明，孔子還真沒辜負他爸的優良基因。在以老師的身分出道前，孔子也有個江湖外號 ——「長人」。至於為什麼有這個外號，很簡單 ——

> 孔子長九尺有六寸，人皆謂之「長人」而異之。
>
> ——《史記‧孔子世家》

按照漢代的標準，孔子的身高可以達到驚人的 220 公分，跟 226 公分的姚明差不多，放今天去打 NBA 也毫無違和感。

即使用相對保守的周制（魯國的長度標準），孔子也至少有 189 公分。考慮到當時人的平均身高不到 170 公分，孔子站在人群中完全是鶴立雞群。難怪《荀子·非相》也說：「仲尼長，子弓短。」

除了個子高，孔子的長相歷來也有很大爭議，就算不提「天庭飽滿」「頭頂凹陷」（開篇的畫其實也有點往這個方向靠）這種明顯失真的占卜聖人相。

孔子也可能長得並不慈眉善目，他的徒孫荀子是這樣說的：「仲尼之狀，面如蒙倛（ㄑ一）。」

「蒙倛」是古時候臘月驅逐疫鬼或者出喪時用的神像，字典上面的描述是：「臉方而醜，髮多而亂，形兇惡。」

證據 3：愛好射箭

孔子喜歡射箭，認為射箭是君子必修的一課，還把射箭列入「君子六藝」。

而且孔子的射箭技術很好，《禮記・射義》裡記載，「孔子射於矍相之圃，蓋觀者如堵牆」。

意思是說，孔子射箭時，會有一大批狂熱粉絲來圍觀。

孔子會射箭我早就知道了啊，那又怎麼了。

你真的知道嗎？

你以為射箭的人是這樣的。

但實際上射箭的人是這樣的。

俗話說，強弓硬弩，要知道射箭是個力氣活。

歷代的計量單位經常變動，
就拿清代來舉例好了。

清代評判弓力的單位是「力」，1 力是 9 斤 4 兩（一說 9 斤 14 兩）。一般弓的拉力在 5-7 力之間，也就是說在 47-66 斤之間。

對於一個沒有經過訓練的成人來說，想要拉開弓都不是一件容易的事，更別提射箭或者殺敵了。

　　清代的弓箭技術比起春秋時期進步了很多，春秋的弓應該普遍更輕，但是也不會太輕，否則就失去實戰意義了。

　　很多人覺得步兵是力量型的，而弓兵是敏捷型的，其實恰恰相反。步兵隨便找個人就能上，弓兵才是更強壯的精銳部隊，況且敵人近身後弓兵也會轉為近戰。

　　所以弓箭高手孔子的身體素質起碼是過得去的。

證據 4：天生神力

前面說孔子的身體素質起碼過得去，這麼說可能小看了他。據古籍記載，孔子的身體素質簡直就像超人一樣。

做人最重要的就是低調，難道我天生神力也要告訴你嗎？

> 孔子之勁，舉（招）國門之關，而不肯以力聞。
>
> ——《呂氏春秋》

對於這段話，漢朝人高誘是這樣解釋的：「招，舉也，以一手招城門關，端而舉之。」

城門的門閂又長又重，如果用單手托著中間部分舉起來，推測不少人能做到。

但如果是用手抓著一端，硬把門閂舉平（端而舉之），那難度就上升了不止一個等級。

孔子的能耐還不止於此，《淮南子》記載：「孔子之通，智過於萇弘，勇服於孟賁，足躡郊菟，力招城關，能亦多矣。然

而勇力不聞，技巧不知，專行教道，以成素王，事亦鮮矣。」

　孟賁是戰國時期的武士，據說力大無窮，有一次見到兩頭牛打架，竟然硬生生拉開了它們。而孔子的力量跟他是同一級別，更驚人的是，孔子跑步也很快，可以跟兔子相提並論。

　一般來說，力氣與肌肉橫截面積成正比，換句話就是：力氣大等於肌肉大。既然孔子力氣這麼大，那他就很可能是個肌肉男。

所以，孔子不僅高而且壯，渾身肌肉，射箭、駕車、跑步樣樣精通，是一位全能的運動健將。難怪有人感嘆：明明是體壇幾百年一遇的奇才，最後居然跑去當老師了！

雖然上面說得很有道理，但還是有反對意見。關於孔子的身高，就有人認為先秦的典籍裡根本沒有孔子高得異常的記載。

但是到了東漢時期，講怪力亂神的《緯書》突然把孔子當成霸氣總裁的化身亂吹了一通，其中就包括孔子的奇特相貌以及他的身高。

司馬遷雖然沒有把「霸氣總裁」這種一看就不對勁的內容收錄進《史記》，但身高「九尺六寸」的部分倒是悄悄地收了進去。

而一些關於孔子力氣大的記載，有人認為是跟他爸的事蹟搞混了。

清朝人畢沅在看《呂氏春秋》的時候就說，「此殆即孔子之父事也……非孔子也」，他認為史書把孔子他爸的事蹟錯放在了孔子頭上。

將來報導出現了偏差，
你們可是要負責任的。

　　總之，孔子是不是真的高似姚明，力能扛鼎，爭議還是很大的，大家可以自行辨別。

　　不過從遺傳角度和射箭高手這些方面來看，硬要從文弱書生和肌肉猛男這兩個極端之間挑一個的話，孔子應該還是更偏向於猛男。

3 張飛原來是個美男子？

一提起張飛，大家都會習慣性地想到：黝黑臉龐、絡腮鬍、高大魁梧、兇神惡煞。

燕人張翼德在此

然而還有另一種說法：張飛其實是個美男子，還擅長畫畫、書法。

一邊是黑漢子，一邊是美男子，這個反差實在有點大。

那麼張飛究竟是個莽漢子，還是個美男子呢？

說張飛是個美男子，原因主要有以下兩個。

1. 愛畫畫，會寫字

明代文人卓爾昌在《畫髓玄詮》裡點名表揚：「張飛……喜畫美人，善草書。」

不僅如此，據說張飛在打敗張郃後，一時性起，還用手中長矛刻了個碑，叫《立馬銘》。

嘖嘖嘖，這字還是可以的。

　　上面寫著「漢將軍飛，率精卒萬人，大破賊首張郃於八濛，立馬勒銘」，記錄自己打敗張郃的功績。而在歷史上，張飛確實打敗了張郃，這是他的重要戰績之一。

我不僅要打你，我還要刻在石碑上。

2. 兩個女兒都嫁給了劉禪

張飛的兩個女兒都嫁給了劉禪，先後成了皇后。長女當了 15 年皇后，死後第二年，劉禪就立了張飛的次女為皇后。

可想而知，張飛這兩個女兒有多漂亮！要是張飛長得很粗獷，兩個女兒能有這待遇？

這兩個理由看起來很合理，但是深究起來沒一個站得住腳。

（1）張飛的書畫沒有被同時代的人提過，而且直到明初為止的各種著作裡，都沒有提到張飛的書畫。

《三國志》裡提到蜀國算得上會書畫的人只有一個——諸葛瞻。

張飛人氣一直很高，如果真的有書畫作品，肯定會被翻出來討論。

看似有圖有真相的《立馬銘》也是漏洞多多。作為一個紀功碑，《立馬銘》在內容方面明顯不及格。

對比三國魏晉的同時代作品，《立馬銘》缺了很多內容。首先，時間沒寫。打完仗起碼記個時間留念一下吧？前面加個「某年某月」是紀功碑的一貫寫法，《立馬銘》上沒有時間就很不合常理。

其次，官職也沒有。就像孫悟空整天把「齊天大聖」掛在嘴邊一樣，大家在寫紀功碑的時候，都是把自己的外號一股腦兒往上掛的。

碑上只寫了個「漢將軍」，這個也很不合常理。全文只有短短 22 個字，也沒什麼文采可言。

對於一個紀功碑來說只能這樣形容：寒酸，非常寒酸。

有人可能會問：說不定是張飛突然謙虛一下，行不行？抱歉，不行。這個東西刻出來就是給別人看的，純粹為了炫耀，想謙虛還刻什麼碑？

其次，明中葉以前，《立馬銘》在各種金石著作中完全缺席，而且字體被鑒定為更接近於明清時的隸書，基本可以認定是後人偽造。而且最後，稍微想一想，就會覺得很奇怪。

就算張飛神力驚人，就算他的武器削鐵如泥，就算他的書法造詣很高，用武器即興刻出來個書法碑是什麼操作？比起書法，不是應該先誇耀一下張飛的雕刻技術嗎？

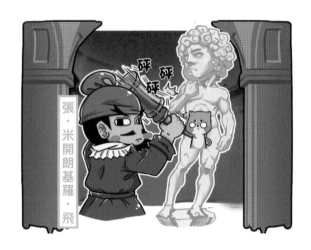

（2）張飛的兩個女兒都嫁給了劉禪，也並不代表她們就很好看。因為，世界上有一種東西叫「政治聯姻」。

例如，劉禪娶了張飛的女兒，諸葛亮的兒子諸葛瞻娶了劉禪的女兒（也就是蜀國公主），諸葛亮的孫女嫁給了關羽的孫子關統。

蜀國內部結合緊密，吳國和魏國也差不多。婚姻在一定程度上是拉攏關係、平衡勢力的手段，長什麼樣子根本不重要。

我跟你三叔講好了，明天封他女兒為皇后吧。

退一步講，就算女兒好看，也不代表老爸好看。

學過國高中生物就知道，DNA 父母一人出一半，更不要說什麼隱性基因和基因突變了。

總之，女兒好不好看跟父親長什麼樣沒有必然聯繫。

那張飛怎麼被說成了美男子呢？

真要算起來，始作俑者是明朝的文人楊慎。

他在《丹鉛總錄》裡寫：「涪陵有張飛刁斗銘。其文字甚工，飛所書也。」

這個在杜撰方面早就有過前科，因為他很好強，說不過別人就自己杜撰，欺負別人沒看過那些書。

> 不是我說的，是古籍說的，你肯定沒看過吧！

楊慎

文人

> 我懷疑你在唬我，但我沒有證據……

負氣求勝，每說有窒礙，輒造古書以實。

本來文人杜撰也沒什麼，壞就壞在這個楊慎不是一般文人，人家可是「明代三大才子」之一啊！這樣的知識分子怎麼可能會說錯呢？於是場面一下子就控制不住了。

同是明代的曹學佺在《蜀中名勝記》裡說：張飛不只有《刁斗銘》，在八濛山下還有個《立馬銘》呢！

明朝的文人為了不落後於潮流，紛紛跳出來，說某幅字畫其實是張飛的的作品，誇張飛的字是多麼好看。

場面一度十分失控。

總之，張飛從此變得儒雅化，只是這個形象實在是不如張飛的漢子形象深入人心。

　　所以儒雅版張飛只在文人中流傳，民間還是比較流行那個莽莽撞撞的張飛。

　　直到現代，大家又重新把這件事翻了出來，加上豐富的想像力，才讓張飛變成了會寫詩畫畫的美男子。

那張飛究竟長什麼樣子呢？

朕來不負責任地猜測一下。

美男子不可信，那黑漢子就是對的嗎？也不一定。事實上，追溯到最早，勉勉強強能和張飛相貌沾上邊的也只有李商隱的《驕兒詩》：「或謔張飛鬍，或笑鄧艾吃。」

這個「鬍」有爭議，有人說是魯莽，有人說是絡腮鬍，有人說是大下巴。

目前主流認為是大下巴。

反正鄧艾口吃和張飛「鬍」相對應，推測不是什麼好話。

不過話說回來，李商隱是晚唐人，和張飛隔了好幾百年。鑒於他跟我們一樣，也沒什麼史書可以參考，所以這個「鬍」的形象說不定也是民間再創作出來的。

張飛實際長什麼樣，史書上還真沒寫。《三國志》裡並沒有提到張飛的相貌，其他人倒是有寫。

例如，諸葛亮「身高八尺」，周瑜「長壯有姿貌」，可見長得高長得帥是會被記錄下來的。

粗人形象也會被記載。例如，典韋「形貌魁梧」，許褚「長八尺餘，腰大十圍，容貌雄毅」等。

而張飛的長相沒有被記載，說明他可能長得並沒有那麼粗獷，應該也不是美男子。

不負責任地猜測，張飛可能就是個普通「大叔」。

4 皇帝亂信成功學有什麼下場？

1000 多年前，在那個南北方互相瞧不起的時代，唐高祖李淵的表弟小英出生了。

有事嗎？黃桑。

沒事就不能喊喊你？多防著你二兒子。

小英不但從小聰明長得帥，還是個超級能寫詩的「文科生」。他能討爸媽歡心，還體貼他人。

有一次，小英在圍獵時下起了傾盆大雨，侍衛立即遞上油布衣。

小英堅持不穿，因為看到將士們都渾身濕透，他不好意思獨善其身，將士百姓知道後都很感動。

因此，爸媽都很寵小英。

13 歲時，送他去今山西河北地區當長官，還給他相親討了個南方老婆。

20 歲時，讓他帶 51 萬兵打南方的陳王朝。打贏後，小英斬貪官、封錢庫，不奪百姓錢財，成了江南紅人。

自此，小英立下目標：既然崇拜秦皇漢武，那就要成為他們！
對了，他後來改名為——楊廣。

然而

49 歲時，他被最信任的臣子勒死在皇位前，孫子命諡號為隋明帝，卻被表哥李淵改為隋煬帝。「煬」聽著好聽，意思可一點都不好。

煬

=好內遠禮（淫君）

=去禮遠禮（昏君）

=逆天虐民（暴君）

好傢伙，「煬」字還是楊廣賜給陳叔寶的，我說這命運吶～

哼，千古一帝的群沒進去就算了，怎麼還跟紂王、胡亥組成了千古暴君團？

翻過課本都知道，京杭大運河的「大包工」是隋煬帝。當大家在利用大運河發財脫貧時，也在糾結：

楊廣能想到修一條造福千年的運河，真的只是一個一無是處的暴君嗎？

那麼，就讓我們來一探究竟吧。

一、有何罪之時間管理者——隋煬帝

西元 604 年，楊廣上位，看了帝王成功學《史記》。為了向偶像秦始皇看齊，取年號為「大業」，發誓要幹出一番大事業。然後他四處出差，在位 15 年，只在長安宮裡待了 4 年不到。

時間表

604 年：上位。吏制改革，廢冗官；
　　　　恢復學校，建立科舉制。

605 年：京杭大運河工程一期之開通
　　　　濟渠。建糧倉屯糧。爬過祁
　　　　連山去張掖進行外交。

608 年：京杭大運河工程一期之開永濟
　　　　渠。實行均田制，打擊豪強兼
　　　　併，減租，提高兵役年齡。

610 年：出差江都。實行佛儒道三教
　　　　並行。

612 年：第一次出征遼東。

613 年：第二次出征遼東。

616 年：出差江都。

618 年：卒。

> 學得有模有樣，學會了
> 秦始皇的拚命樣。

看起來楊廣也做了很多有益的事，但在 15 年後，趁著農民起義，表哥李淵帶領著瓦崗軍一起討伐隋煬帝。按照慣例，要寫一篇檄文，證明自己是合法繼位，於是就有了下面這些。

楊廣十大罪狀
弒父篡位、荒淫亂倫
荒廢政事、營建宮殿
苛捐雜稅、巡幸無度、窮兵黷武
拒諫戮忠、賣官鬻爵、背信棄義

從此，隋煬帝背上了千古暴君、昏君、淫君的三合一罵名。至於修京杭大運河，也被歸結為荒廢政事、巡幸無度、苛捐雜稅。

不可否認，為了政績，隋煬帝勞民傷財，致使民不聊生，這是治國大忌。

但他的罪名有沒有被誇大呢？

對於修大運河，大家認定楊廣的動機是吃喝玩樂加炫富。

《資治通鑒》用了 200 多字控訴他的大運河之旅有多奢侈，以龍舟為例，足足高 45 尺、長 200 丈，有 120 間金玉裝飾的房，需要 8 萬縴夫才能拉得動，簡直是移動的宮殿。

後人發現，《資治通鑒》的記載是以《大業雜記》為原本的。

《大業雜記》裡的船長 200 尺，有 160 間房。200 尺相當於 60 多公尺，不算上走廊，整個船隻有大約 900 平方公尺。160 間房，平均面積只有約 5.6 平方公尺，似乎不夠奢侈。

另外，當時楊廣南下的專用水道瘦西湖只有八、九公尺寬。龍舟要在水面上行動自如，寬度最多六、七公尺，《資治通鑒》裡寫到的船似乎並不能通行。

看來，數學是史官們的弱項。

再說回動機，據黃仁宇研究，其實，楊廣修大運河也算是在繼承父親遺志。

西元 587 年，隋文帝楊堅為了征服江南土地、貫通南北，開鑿了大運河體系裡的淮河和長江。

但是

開鑿結果不太好，滿足不了軍事需求，而楊廣拿下了接力棒。

這孝順小孩，修河也不是一意孤行嘛。

對當時修大運河的百萬勞工來說，每天累得要死要活，卻一點好處都沒有。但在幾十年後，唐朝人民開始體驗到大運河賺錢的便利，GDP 火速暴漲。

二、隋煬帝為何被評價為一無是處的暴君

大多數人瞭解隋朝主要是透過野史和小說，藉著隋煬帝三次出差江都，各種臆想人設。正好傳播能力最強的也是這些野史和小說，畢竟「爽文」吃遍天下。

於是，《封神榜》裡的紂王和《隋唐演義》裡的楊廣成了我們小時候的惡夢。

長大後，我們開始看正史，瞭解了隋煬帝的更多「事蹟」。

　唐朝江山是從隋煬帝手裡奪來的，再加上玄武門兵變，所以到了李世民這一代，皇權的合法性尤其重要。

　魏徵給李世民開了條新路 —— 以史為鑒，特別是以隋為鑒，楊廣的錯事千萬不能再犯。這才有了修改過的《隋書》。

所以，我是李世民的負面教材囉。

　出於給統治階級借鑒的動機，楊廣是歷代皇帝的負面教材工具人。因此，《隋書》等正史的可靠性會有所降低，誇張成分增加，有醜化楊廣的嫌疑。

　關於隋煬帝遷都的原因，宋朝《資治通鑒》認為是迷信的楊廣聽信了術士之言和民間流傳的蠱惑之語：風水不好，不遷都會滅國。唐朝《隋書》卻認為他是為了完成父親南北統一的遺願。

> 我有隋之始，便欲創茲懷、洛，日復一日，越暨於今。念茲在茲，興言感哽！朕肅膺寶曆，篡臨萬邦，遵而不失，心奉先志。
>
> ——《隋書》

> 章仇太翼言於帝曰：陛下木命，雍州為破木之衝，不可久居。又讖云：『脩治洛陽還晉家。』帝深以為然！
>
> ——《資治通鑑》

另外專家發現：為了突出隋煬帝的惡，司馬光刪除了《隋書》《北史》中隋煬帝的正面資料多達十幾處，例如：政治經濟改革；還增加了有疑點的負面資料，例如：弒父和大運河的奢靡生活。

目前隋煬帝收到最多的評價是「弊在當代，利在千秋」，當然，更多人認為他是一無是處的暴君。

功與過的天秤將向哪邊傾斜，目前還沒有定論。

2014 年，有開發商在揚州挖地，正好挖到了隋煬帝的墓。而這開發商，正好叫楊勇。

5
朱元璋原來
不是「鞋拔臉」?

一提到朱元璋，絕大部分人的第一印象都是——醜。

> **鞋拔臉、下巴突破天際是最大的特徵。**

中國歷史上推測也沒有別的皇帝能醜得令人如此印象深刻了。

可以說，這張「鞋拔臉」已經深入人心。

但也一直流傳著另一個版本，是圓臉的朱元璋。

　　兩種相貌可以說是天差地別，這已經不是美化可以解釋的了，簡直就是兩個不同的人。

那麼，究竟哪一個才是真的呢？

為了搞清楚這個問題，我們要先搞清楚另外一個問題，那就是——

皇帝的畫像究竟可不可信？

唐朝以及更早的帝王圖，包括秦皇漢武，很多出於《歷代帝王圖》，例如漢武帝和魏文帝。

左邊是漢武帝劉徹，右邊是魏文帝曹丕。

據學者考證，有一部分是唐人畫的，有一部分是宋人補充的。

這些帝王圖都是後人根據史書記載，加上自己的想像畫出來的，藝術成就很高，但真實性基本上沒有保證。

不過，還好 19 世紀初有人發明了照相機。雖然調整光線和位置可以讓人更好看（或者更難看），但當時還沒有美顏相機，總體而言還是比較能反映真實相貌的。

她就是大名鼎鼎的慈禧太后。

可以看出，大致形象是很吻合的。臉型、相貌、氣質，甚至連左右眼形不對稱都還原了。

從宋朝開始，宮廷畫師開始有能力表達相貌細節，這類肖像畫也開始保存下來。

宮廷畫師肯定在細節上有所美化，但大致上的樣貌和神韻還是能抓住的。

所以總體來說：1. 宋代以後的皇帝畫像比較可信；2. 宮廷畫師的畫比較可信。

接下來要對朱元璋的兩張畫像進行分析了。

證據1：圓臉那張才是內府藏品

明人張瀚在《松窗夢語》裡記錄了他看到的畫像：

> 余為南司空，入武英殿，得瞻二祖英容。太祖之容，眉秀
> 目炬，筆直唇長，面如滿月，鬚不盈尺，與民間所傳奇異
> 之像大不類。

無獨有偶，明人張萱在《疑耀》裡也記錄了他看到的畫像：

> 始得內府所藏高成二祖御容，高皇帝乃美丈夫也……無所
> 謂龍形虬髯十二黑子也。

很明顯，朱元璋的相貌是分宮內、民間兩個版本的。民間的
版本就是那個「鞋拔臉」，而宮內的版本則是圓臉。

張瀚他們看到的藏在宮內的畫像，毫無疑問就是宮廷畫師畫的。

上面也說過，宮廷畫師畫出來的比較可信。畢竟，如果朱元璋真的是「鞋拔臉」，畫師卻畫個完全不像的圓臉，他的下場就可能會是這樣——

證據 2：「鞋拔臉」不是宮廷畫師畫的

雖說圓臉是宮廷畫師畫的，那有沒有可能「鞋拔臉」也是宮廷畫師畫的？

再來回顧一下這張圖。

這張圖裡，朱元璋頭上的帽子有塊白色的東西叫帽正，是清朝的典型打扮。明代初期還沒有這樣的潮流，所以應該是清朝人根據前人的描述，再創作出來的。

我就是隨便畫畫，怎麼當真了呢？

順便一提，有人說這是清朝要抹黑明朝，這是不正確的。

因為早在明朝前中期，朱元璋是「鞋拔臉」這件事，在民間就已經達成了共識。

證據 3：遺傳

要看朱元璋長得醜不醜，還有一個方法：看他的後代長什麼樣。這是他的兒子朱棣──

這是他的孫子朱高熾——

臉型跟他爹朱棣差不多，一樣是大圓臉。

　　朱元璋的兒子、孫子都是圓臉雙下巴，而不是長臉凸下巴。當然，也可以說是朱棣基因突變，或者朱元璋妃子的基因比較強大，直接改良了後代基因。

　　不過，如果朱元璋本來就是圓臉，那就更容易解釋了。

看，一看就是親生的。

雖然「鞋拔臉」看起來很奇特，但實際上也沒那麼稀奇。

關於有記載的皇帝奇特相貌，最早可以追溯到漢高祖劉邦。

《史記‧高祖本紀》裡說：

> 高祖為人，隆准而龍顏，美鬚髯，左股有七十二黑子。

這是較早出現的關於龍顏和黑痣的說法。

至於龍顏是個什麼顏？不好說，總不會是圓臉、方臉、瓜子臉。

至於劉邦是不是真長這樣，也不好說，但至少民間是挺樂意接受的。

不光是劉邦，隋文帝楊堅也沒長一副「人」樣。

《隋書》裡說他：

> 為人龍頷，額上有五柱入頂，目光外射，有文在手曰王，
> 長上短下，沉深嚴重。

也就是說，楊堅的下巴很長很突出，額頭上有五個凸點，眼神電光逼人，掌上有個「王」字的手紋，上半身長、下半身短。

如果真畫出來，大概是下面這樣。

上述皇帝們，包括朱元璋在內，相貌看似奇特，實際上非常有規律。

仔細觀察可以發現，有以下兩個異象反覆出現。

龍形是什麼？找條龍看看就知道了。

左邊是明朝前中期龍袍上的圖案

凸額頭、凸眼睛、凸下巴，這就是所謂的龍形。

龍形加上黑痣，就是民眾心目中的帝王相（之一）。

大家可以對比一下朱元璋和龍的特徵。

　　朱元璋的樣子最早發生變化是在官方記錄裡，幕後黑手就是朱棣。

　　朱棣篡位後，對開國歷史進行大量的造神手法，洪武年間的奇人異事突然多了很多，關於朱元璋的神跡更是層出不窮，包括那奇特的相貌。

例如，《明太祖實錄》裡寫道：

> 上夢人以璧置於項，既而項肉隱起，微痛，疑其疾也。以
> 藥敷之，無驗，後遂成骨，隆然甚異。

朱棣利用相術原理，重新構建了朱元璋的樣子。

當然，神化朱元璋的目的也只是為了讓自己順利篡位。偏偏民眾很吃這一套，大家一下子全信了。因為大多數古人都相信，可以利用面相來判斷命運。

於是，朱元璋的樣子被民間人士多次創作，越傳越開，也越來越符合人們對於帝王的想像。

所以大家的心裡是這樣想的：

一草根能逆襲當皇帝，肯定是天意啊！你說天意虛無飄渺？不，天意這不是好好寫在他臉上了嗎？

明朝路人

　所謂的奇特相貌，其實只是古人一直在玩的套路，而且早就被玩爛了。

　說到底，朱元璋那奇異的長相，只不過是在官方的帶領下、一場民間的自娛自樂罷了。

人家不僅不醜，還有點帥呢！

6 古代四大美女 竟有三個不存在？

中國古代四大美女相信大家都很熟悉了 —— 西施、王昭君、貂蟬、楊玉環。據說，這四位有沉魚落雁、閉月羞花的樣貌。

但今天要告訴大家「四大美女」究竟有多麼不可靠。

春秋戰國時期，吳王夫差將越國給打趴了，越王勾踐決定表

面服從、暗地裡臥薪嚐膽，準備報仇，還把西施送給了夫差。

夫差一見西施，就被她的美貌迷得神魂顛倒，整天沉迷女色無法自拔，最後吳國被越國給滅了。

不過這也不能怪夫差，畢竟據說人家西施在河邊浣紗的時候，河裡的魚兒看到她的倩影，被美得紛紛忘記游泳，沉到了河底。於是「沉魚」的外號逐漸傳了出去。

按照上面的說法，西施對越國來說可謂功不可沒。不過很可惜，有人懷疑根本沒有西施這個人。

首先，《史記》裡根本沒有寫西施，《左傳》和《國語》裡也沒有找到有關西施的記載。

會不會是沒記下來啊？那不可能。因為《國語》裡記錄了勾踐用美女賄賂吳國大臣伯嚭：「越人飾美女八人，納之太宰嚭。」連大臣都有記錄，反而吳王沒有，那這吳王也太沒面子了。

到了東漢的《越絕書》，西施才第一次出現。

不過，這本書更像是作者收編的民間故事，所以更合理的說法應該是——根本沒有美女被送到夫差面前。

我的西施呢？我那麼大一個西施呢？

西施甚至可能根本不是一個人！

《莊子》說：「毛嬙、麗姬，人之所美也。」

麗姬是西方來的，她的美麗天下聞名。所謂的「西施」可能就是西邊來的一個美女，後面就代指美女了。

> 譬之是猶以人之情為欲富貴而不欲貨也，好美而惡西施也。
>
> ——《荀子》

有點像今天的正妹、型男，逐漸變成美女帥哥形容詞。

其實古代史官老愛推個美女出來，很多古人早就看得很清楚了。唐朝詩人羅隱就曾經寫過一首《西施》：

> 家國興亡自有時，吳人何苦怨西施。
> 西施若解傾吳國，越國亡來又是誰？

簡單總結就是一句話——

貂蟬大家都很熟了，就是用美人計讓呂布和董卓兩位猛男心甘情願為她打起來的那位。

傳說中，貂蟬也是美得不行。有一次，她在後花園拜月，忽然清風吹來一塊雲，把月亮遮住了。於是她的養父王允到處跟別人說：貂蟬實在是太漂亮了，在她面前連皎潔的月亮都羞於露面。

不過很可惜，貂蟬可能也根本不存在！

　　首先，《三國志》裡根本沒有貂蟬的身影。唯一勉強能沾邊的，只有《後漢書・呂布傳》裡的記載：「卓又使布守中閣，而私與傅婢情通。」

　　這裡前後文大概說的是：董卓和呂布有摩擦，呂布又跟董卓的貼身婢女私通。

這裡稍微提一下，貼身婢女這詞說得好聽，其實男主人有她整個人的所有權。董卓也不是啥正人君子，侍寢什麼的當然也會讓貼身婢女來，呂布跟她私通也就等於給董卓戴了頂大綠帽。

呂布完事之後冷靜下來，智商又回來了。他很不安，去找王允商量，王允就叫他造反。

從上面可以看到：

1. 婢女沒有名字。

2. 婢女是董卓的，不是王允的。

3. 王允建議呂布刺殺董卓，但跟那個婢女無關。

再回想一下最開始的設定：貂蟬是王允的養女，自甘獻身參與連環計，成功完成刺殺董卓這個目標。

雖然兩者在某些情節上有點相似，但整體來說實在差得很遠。

王昭君的故事是這樣的：王昭君出身平凡，本身長得國色天香，但因為在選秀時沒有賄賂宮廷畫師，畫師就故意把她畫醜。

後來匈奴人想要和親，王昭君主動請求出塞。

結果皇上一看，怎麼宮裡還有這種絕世美女？後悔了，想把她留下。但後悔也沒用，因為已經答應了別人不能反悔。

現在就是後悔，非常後悔。

據說王昭君出塞的時候內心悲傷，忍不住撥動琴弦，彈奏起悲壯的離別之曲。

天上的大雁聽到琴聲，不禁看向她，全都呆得忘記搧動翅膀，掉到地上。這就是傳說中的「昭君出塞」，也是「落雁」的由來。

這個故事到底是不是真的呢？

首先，關於王昭君最基本的記載出自《漢書》和《後漢書》。最早在《漢書》裡只有簡單的幾句：

> 賜單于待詔掖庭王嬙字昭君為閼氏。
>
> 元帝以後宮良家子王牆字昭君賜單于。

可以看出，這裡根本沒提王昭君是否自願去和親，也沒提她長得多好看。

添油加醋的是《後漢書》：

> ……帝召五女以示之。昭君豐容靚飾，光明漢宮，顧景裴回，竦動左右。帝見大驚，意欲留之。

簡單翻譯一下，漢元帝本來想找五個人送去和親，但看到了王昭君太漂亮，於是他就反悔了。這段記載挺不合理的，連皇上心裡想什麼都寫出來了，就像司馬遷老愛描寫刺客的心裡想法一樣。

而且「帝敕以宮女五人賜之」，也就是說，王昭君並不是一個人去的，起碼有四個宮女陪著。

可以看出，王昭君的故事在細節上不斷被翻新，同時也走偏，與最開始的記載有出入。

王昭君的故事是添油加醋出來的，那後世文人寫的昭君出塞呢？

其實，與其說他們是寫王昭君，倒不如說是寫自己懷才不遇。自己就像是那天下無雙的美人，奈何皇上不賞識，後面皇帝一見我，後悔莫及，然而這時我已經要走人了。是不是聽起來很「有感覺」？

理想：

戰神回家，發現五歲女兒住狗窩！
一聲令下，十萬華夏退役將士奔來。

當然更強的是：即使皇帝不賞識我，我還主動請纓去為國為民，真的是太偉大了。

只可惜，現實是殘酷的，這些大多只是文人自己的一廂情願。

現實：

戰神回家，發現五歲女兒住狗窩！
一聲令下，十萬華夏退役將士奔來，
給戰神也修了個狗窩。

四大美人中，有三個可能根本不存在，連楊貴妃也有人在爭論：她到底是豐滿還是肥胖？

　歷代關於這四位美女的傳說越傳越多，各種同人作品也層出不窮。看來從古到今，美女始終是大家喜聞樂見的話題，可能人的天性總是嚮往美好的東西吧。

宮廷百科篇

7

為什麼儒家思想
在古代那麼受歡迎？

課本裡常常出現統治者用儒家思想統治人民，那麼問題來了：

究竟是怎麼統治的呢？

在講這個問題之前，有必要說說儒家的政治主張是什麼。

下面開始！

　　在春秋時期，有很多人到處旅遊，想把自己的政治學說「推銷」出去。孔子也是這樣一名「推銷員」，他的核心思想是「仁」。「仁」是幾乎所有美好道德的集合。

　　為了達到「仁」，需要「禮」，也就是禮樂制度和行為規範，來調和各階層的關係和激發人的善心。

　　雖然孔子提倡用「仁」和「禮」來達到「德治」，但是沒有國家願意理他。而且孔子的話不能說是政治學說，基本內容還是屬於道德倫理範疇。

　　孔子到最後也沒能將自己「推銷」出去。他的弟子們將老師的話語記錄下來，編成了《論語》，連同孔子之前留下的六經，

成為儒家的「鎮派」之寶。

　　「武功祕笈」在這裡了，但由於創始人孔子說得含含糊糊，不成體系，弟子們吵來吵去，誰也說服不了誰，大家就開始自由發揮了。

　　很快就出現了兩個大師，繼承並發展了孔子的儒學。他們分別是孟子和荀子。

孟子繼承了孔子的思想，提出了「仁政」，於是儒家開始有比較完整的政治學說了。

　　孟子理想的畫面大概就是：民眾好好聽天子的話，天子也要體恤一下民眾，不要過度壓榨，搞得不可持續發展。總之，就是強調以德服人。

　　荀子與孟子剛好相反，壓根兒不相信「性本善」，覺得要靠「禮」和「法」約束人，最終才可能達到「仁」的境界。

　　所以荀子表面上宣傳「仁」，實際上軟的靠禮、硬的靠法，強調禮法並重。

　　簡單來說是這樣的：

所以也不要覺得奇怪：為什麼荀子作為一個儒家大佬會教出李斯和韓非這樣的法家代表，這只能證明他們真的有好好上課。

到了漢代，又有一個高手出現——董仲舒。

他以儒家思想為「湯底」，以法家、道家、陰陽家為「輔料」，還把什麼天人感應、五行學說通通往裡放。一頓「猛煮」之後，神學化的儒學「新鮮出鍋」，一下子變得新潮又時髦。

董仲舒強調王權神授以及道德的神聖性，簡單來說就是一個中心思想：人在做，天在看，天的使者是皇上。他的理論深受統治者好評，於是儒家一下子被捧到正統地位。

隨後的各朝代儘管有佛教和道教的衝擊，儒家甚至一度式微，卻始終維持著正統的地位。

到了宋朝，局面大抵穩定下來，儒家這邊的高手又開始積極出招了。

他們就是程顥、程頤和朱熹。

北宋二程和南宋朱熹，他們吸收了佛道兩家的理論，又推出了一個新概念：「理」。

理是產生世界萬物的精神的東西，所以天理被認為是最高的、絕對的存在。

還有陸九淵和王陽明的心學，但整體的政治影響比較小，這裡就不說了。

可以看到，儒家的政治主張一直在滾動式轉變，但是也有不變的東西，那就是強調道德倫理規範。

有了上面的鋪墊，接下來終於可以開始講儒學為什麼能成為中國古代的正統思想了。

沒錯，就是人多。人多就意味著兩件事：吃得多、生得多。

底層民眾常年掙扎在溫飽線上，為了生存下去，有且只有唯一的選擇——種田。

在古代，種田其實是一種很先進的生產方式，比放牧什麼的效率高多了。

每逢農業有增長，人口也會增長得更快，一下子就把增長的糧食都吃光了，底層民眾還是常年掙扎在溫飽線上，所以大家必須採取這兩種生活方式。

被田地綁在原地這個大家都懂；而且古代疾病和戰亂頻繁，大家族才是抵禦風險的最佳形式。

這時，讓家庭充滿愛與秩序的儒家思想看起來就很有誘惑力。換句話說，儒家是最適合這樣的生活方式的。

人民群眾都很精明，管你什麼「家」，好用才是硬道理。

例如墨家強調人人平等，大家要互愛互助，在亂世的時候大受歡迎，因為群體的力量比個人強多了。但穩定下來後，大家以家庭為單位各自耕地，就沒人提墨家了。

由於古人一直在溫飽線上下徘徊，種田才是硬道理，有沒有飯吃是造不造反的重要指標，所以吃飽才是最高原則。

長期下來，能提供穩定種田思想環境的只有儒家。

一切都是圍繞這一點展開的。例如三綱五常說「夫為妻綱」，
妻子要完全聽丈夫的話。但有人就不明白了：

有道理嗎？完全沒有。

只是女性的體力勞動能力不如男性，所以要將女性束縛在家裡，打理好家庭的同時進行手工生產，讓男性專心種田，實現產出的最大化。

公平嗎？一點也不公平，但勝在一個穩定高效。畢竟大家追求的是：

穩　如　狗

所以在體力勞動重要性下降的現代社會，
女性的崛起是必然的。

在工業革命出現之前，種田是最先進的生產方式，穩定持續地種田能實現最高的生產效率。

所以在農業社會中，穩定就是最高效的。

　為了好好吃飯，大家都乖乖耕地了。

　皇上也很開心，這意味著國家稅收會更多更穩定。而且儒家強調等級秩序，也不用老怕大家想造反了。

　儒家有經久不衰的普世價值觀，也有禁錮人性的枷鎖成分在。不過這些都不是重點，儒家思想盛行說穿了就只是因為它最符合中國農耕社會的需要。

它不是最公平的，但確實是最穩定高效的。

早就說過生產力決定生產關係，經濟基礎決定上層建築，你以為我在唬你嗎？

馬克思

8

「烽火戲諸侯」壓根兒不存在？

「烽火戲諸侯」，又一個人民群眾耳熟能詳的亡國案例。它意味著西周的結束、東周的開始。

> 但如果朕說其實根本沒有「烽火戲諸侯」這回事呢？

這件事記錄在司馬遷的《史記》裡，讓我們先來溫習一下。

話說西周的周幽王娶了一個美女叫褒姒，人長得非常漂亮，卻走的是高冷「御姐風」，從來不笑。

於是，有個叫虢（ㄍㄨㄛˊ）石父的奸臣給周幽王獻個計說：

於是，周幽王叫人點起了烽火。諸侯們一看，趕緊帶著人馬過來集合。

褒姒在城牆上看見下面大軍一片真心地跑來，發現現場一片祥和後傻眼的樣子，終於忍不住笑了出來。

後來周幽王又點了幾次烽火來逗褒姒笑，搞得諸侯們都不相信他了。

為了討褒姒歡心，周幽王還把原本申國皇后的太子廢了，改立褒姒的兒子為太子。

這個皇后是隔壁申侯的女兒，申國一看周幽王這麼不給面子，就聯合犬戎攻打他。這一次可沒諸侯肯過來幫忙了。

後來，申侯和其他諸侯又立了個周平王，於是西周結束，東周開始。

這就是「烽火戲諸侯」的故事。

雖然這個故事眾所皆知，但是稍微想一想就會發現：「烽火戲諸侯」是件很古怪的事情。我們不妨加入點常識和歷史背景，還原一下「烽火戲諸侯」的全過程。

按照劇本，周幽王和褒姒就位後，要先點燃烽火。

　　OK，假設諸侯們個個都是千里眼，沒有長城傳遞也能看到烽火，然後就到了出兵環節。

　　那麼問題來了——

糧食、馬匹、士兵……要籌備這些，花上一兩個月是很正常的事情，有的諸侯還隔了幾百里路，光是走過去就要好幾天。

而且每個諸侯國遠近不一，大家不可能一下子就集合完畢。推測是隔幾天來一個，再隔幾天又來一個。

如果褒姒苦等了一個多月還能笑出來，恐怕就不是笑點高，而是笑點奇特了。

從常識來說，「烽火戲諸侯」這種玩法很難操作，所以從古到今一直有人對此抱有懷疑的態度。

沒有的事，你重複一遍，就等於你也有責任，懂吧？

雖然《史記》裡明明白白寫著「烽火戲諸侯」的故事，

更早的史書裡可不是這樣說的。

例如戰國後期的《呂氏春秋》：

裡面就沒有「烽火戲諸侯」，倒是有個「打鼓戲諸侯」，基本情節差不多，只不過烽火變成了打鼓。

> 戎寇嘗至，幽王擊鼓，諸侯之兵皆至。褒姒大說，喜之。
> 幽王欲褒姒之笑也，因數擊鼓。諸侯之兵皆數至而無寇。
>
> ——《呂氏春秋》

不管是打鼓還是點燃烽火，好歹都是在「戲諸侯」。

但更早一點的《左傳》和《竹書紀年》，卻完全沒有提到「戲諸侯」這件事。

這個非常不正常，畢竟這麼重大的事，如果發生了，再怎麼樣也得提一下吧？

不過沒有其他更詳細的記載，「烽火戲諸侯」背後的故事也就不得而知了。

正當大家這麼想的時候，新的記載居然真的就出現了。

2012 年，中國清華大學整理了一批戰國竹簡，簡稱《清華簡》。

裡面記載的東西非常多，其中恰好有周幽王的相關記載，還是大家都沒有見過的全新版本。

周幽王取妻於西申，生平王，王或（又）取褒人之女，是褒姒，生伯盤。褒姒嬖於王，王與伯盤逐平王，平王走西申。

——清華簡《系年》

也就是說，周幽王先娶了個申國的老婆，生了個兒子叫宜臼（未來的周平王），又娶了個褒國的老婆（褒姒），生了個兒子叫伯盤。

周幽王不喜歡宜臼，於是和伯盤聯手把他趕回了外公家——申國。

　而且也不是申國先動手的，是周幽王先打了申國，誰知道申國聯合西戎，反而殺了周幽王和伯盤。

> 幽王起師，回（圍）平王於西申，申人弗畀，曾（繒）人乃降西戎，以攻幽王，幽王及伯盤乃滅，周乃亡。邦君、諸正乃立幽王之弟余臣於虢，是攜惠王。
>
> ——清華簡《系年》

　這邊周幽王一死，那邊申侯和魯侯立馬立了宜臼為周平王。虢國那邊也不落後，立了周幽王的弟弟為周攜王。

但兩個君王並存的局面沒有維持多久，晉國的晉文侯不知道怎麼想的，在虢國殺掉了周攜王。於是周平王正式上台了。

立廿又一年，晉文侯仇乃殺惠王於虢。周亡王九年，邦君諸侯焉始不朝於周，晉文侯乃逆平王於鄂，立之於京師。

——清華簡《系年》

綜合上述史證及其他文獻，我們可以大膽猜想一下。

經過了國人暴動等事件，又被犬戎騷擾，周朝元氣大傷，逐漸失去威信，被附近逐漸壯大的諸侯勢力所箝制。申國還透過聯姻，想要進一步控制周朝。

周幽王不甘受控制，不僅將申國的勢力（老婆和兒子宜臼）趕走，還想揍申國一頓。

先下手為強。

誰知申國也是夠囂張，一方面直接立了宜臼當皇帝，另一方面找了西戎當幫手，反過來推翻了周幽王。滅了周朝後，申國做的第一件事就是扶持新的政治傀儡，也就是周平王。

但其他諸侯也是這麼想的，就又立了一個周攜王。

嘖嘖嘖，怎麼突然變成了政治大亂鬥？

然後不知道經過怎樣的險惡鬥爭後，晉國加入了申國這一派，幹掉了周攜王，扶持周平王上位。

不管是周平王還是周攜王，都只是諸侯間利益鬥爭的傀儡。

不過上述權力的鬥爭也只是其中一種猜想，真相到底如何，目前還在爭論中。

單就「烽火戲諸侯」這件事而言，基本已經可以確定了——假的。

9
大明開國第一功臣
居然死於一隻燒鵝？

前文和大家探討了朱元璋到底是圓臉還是「鞋拔臉」，這裡再和大家聊聊他和大臣的關係。

大家都知道朱元璋殺了不少大臣，如胡惟庸、李善長、藍玉等，有人說大明的開國第一功臣徐達也是被他殺死的，而且兇器是一隻燒鵝。

聽說我用一隻燒鵝搞定了徐達？

傳說這個燒鵝殺人事件是這樣的：

話說朱元璋開國，離不開第一功臣──徐達。朱元璋第一大競爭對手陳友諒是徐達打敗的，第二大競爭對手張士誠是徐達幹掉的，最大的死對頭元朝也是徐達滅的。徐達工作表現優異，兩人又是從小玩到大的，感情實在好得不得了。

　　但是這樣的「蜜月期」並沒有一直持續下去。朱元璋上位後，為了鞏固王權，把以前的功臣一個接一個地處理掉。

　　徐達也怕呀，說不定哪天就輪到自己了，他憂慮得不得了，甚至生起病來，背上長了個大瘡。

朱元璋知道徐達生病了，專門派人來慰問，還特地讓人送了一隻燒鵝（一說蒸鵝）。

徐達一看就知道自己完蛋了，因為大家都知道得這個病最忌吃鵝肉，一吃鵝肉很快就會病發身亡。

朱元璋明知故送，擺明是要自己自盡啊。

皇帝要自己死，自己能逃去哪裡？徐達只好吃下了那隻鵝。果然，過了不久，他就病發身亡了。

這個說法廣為流傳，甚至一些文章也會引用這個故事。那麼，朱元璋是不是真的用一隻鵝殺死了徐達呢？

這種看似離奇的案件，實際上只要三個核心問題就能理清。

1 朱元璋有沒有送鵝（或者其他東西）？

2 徐達怎麼死的？

3 朱元璋的行為和徐達的死能不能關聯上？

1. 證言

明朝中期的徐禎卿出了本野史，叫《翦勝野聞》。

> 徐魏國公達病疽，疾甚，帝數往視之，大集醫徒治療。
> 且久，病少差，帝忽賜膳，魏公對使者流涕而食之，密令
> 醫工逃逸。未幾，告薨。

這個版本是說，朱元璋假惺惺去探病。

不久後忽然又賞賜了食物，徐達當著使者的面流淚吃完鵝，很快就死了。

清朝《廿二史劄記》轉述了這個故事，還加上了這句話：

> 賜以蒸鵝，疽最忌鵝。

這就是朱元璋用鵝殺徐達的由來，此後更是被各種演繹。

實際上，在官方記錄裡，朱元璋根本沒有送過鵝。《明實錄》裡並沒有朱元璋送鵝、徐達吃鵝的橋段，《明史》也一樣。

（徐達）患背疽，病篤，遂卒。

只是說徐達患了背疽，後來病重死了，並沒有朱元璋賜食的記載，更沒有提到鵝。

2. 作案動機和作案手法

雖然正史記載對朱元璋有利，但最原始的史料一定程度上是在皇帝控制之內的，會不會是朱元璋或者後人不讓人記載這件事呢？

畢竟，前面列舉的那些受害者好歹有個謀反的罪名，要是讓別人知道「老闆」沒事殺功臣來玩，那大家都不想幹了。

每個連環殺手都有自己獨特的作案手法，朱元璋身為一個殺人狂也不例外。大家都知道，朱元璋很喜歡殺功臣，特別是有權的那種。

而且殺功臣時，朱元璋有自己的習慣，那就是——

沒有亂說，來看看幾位典型受害者。

胡惟庸

全家被殺，牽連被殺的人多達三萬。

李善長

全家七十多口人被殺。

藍玉

被抄家，牽連被殺了一萬多人。

可見，朱元璋對他想殺的人通常都會趕盡殺絕。

而徐達的家人並沒有遭到迫害，他的兒子還繼承了他「魏國公」的職位。

3. 死亡方式：背疽

正史和野史都講得很明白，徐達是因為背疽死的。那麼問題來了：背疽真的會死人嗎？

事實上，這個「背疽」在歷史上露面次數還挺多，而且真的很致命。

秦末項羽的謀士范增，在鴻門宴上拚命要項羽殺掉劉邦的那位，就是死於背疽；唐朝的孟浩然，寫「春眠不覺曉」的那個，也是死於背疽；南宋名將宗澤，就是打金人很厲害又慧眼看中了岳飛的那個，還是死於背疽。

根據古籍上的描述，用現代醫學的眼光來看，應該是背部急性化膿蜂窩性組織炎。

本來，只要割開讓膿液流出來，再用抗生素殺殺菌就治好了，根本算不上什麼事。

在古代，醫療手段落後，衣服也比今天粗糙得多，背部就免不了頻繁摩擦。這容易導致一件事——

躺著時背部也會被摩擦到，再加上衛生條件差，就很容易感染細菌，進而引起敗血症，這在古代肯定是絕症。

4. 殺人兇器：鵝

既然證明了生背疽會死人，那麼鵝是不是真的能殺人呢？

從現代醫學的角度來看，吃鵝吃死這種說法完全沒有科學依據。相反地，鵝肉富含蛋白質和維生素，多吃還能補充營養。

《本草綱目》：「鵝，氣味俱厚，發風發瘡，莫此為甚。」

《日華子本草》：「蒼鵝，發瘡膿。」

有些醫書認為，鵝肉是「發」的，吃鵝肉會讓瘡更嚴重。

不過大家應該也知道，《本草綱目》裡有些東西可能是李時珍道聽塗說的（畢竟連大便、童子尿之類都有，你認真就輸了）。

專給《本草綱目》挑毛病的《本草求真》裡面就有講：

> 鵝肉，按書有言味甘性平，有言味辛性涼，有言氣味俱厚而毒，有言服則解熱解毒，有言服則發風發瘡發毒，持論不同，臆見各一。

也就是說，中醫界各說各話，有的覺得可以，有的覺得不行，並沒有達成共識。

由於背疽的死亡率還挺高，古人還出了本權威書籍，叫《集驗背疽方》。

裡面有講到背疽患者的禁忌：

> 作勞叫怒，嗜欲，飲食如乾溼面、炙、淹藏、冷酒、生冷、
> 滯膩、魚、羊併不可食。性熱者發熱、冷者損脾、腎，毒
> 者發病，皆當戒之。

除了不能生氣、不能有性生活之外，冷熱、滯膩都不能吃。
這個範圍就很大了，鵝肉被納進去也不足為奇。

只是看下去就能發現，這本書也有點一言難盡。

> 病者之房，深戒有腋氣人並有孕婦人、月經人入房。合藥
> 亦忌此等人見之，又忌雞、犬、貓兒見之。

孕婦和來月經的人不能進病房還可以理解，可能是古代人覺
得陰陽相沖。

但腋下臭的人也不准來是為什麼？怕燻到病人？而且病人喝
的藥還不能被雞、狗、貓看見，不然就無效了，這又是哪裡來
的說法？

　　總之，古人對背疽的認識程度大概就是這個水準。沒有什麼證據和案例能顯示，鵝肉真能吃死背疽患者。

這裡要分清楚。

鵝肉殺不了背疽患者，但古人相信能啊！

但如果朱元璋真的送了鵝，大家就都知道他們撕破臉皮了。

朱元璋如果想偷偷幹掉徐達，應該會用更隱祕的方法；要是真的想撕破臉皮，更加不用送鵝了，大家也不是不知道朱元璋有多彪悍，找個藉口抓起來殺掉就是了。

用不著欲蓋彌彰地送一隻沒啥用的鵝。

從證言到殺人手法，從死亡方式到兇器，都不能證明是朱元璋殺了徐達。

基本上可以看出，徐達真的是患了背疽，自己死掉的，和朱元璋沒什麼關係。

朱元璋確實殺了很多功臣，於是大家順便把徐達的死也算在了他頭上，可見朱元璋的殘暴形象已經深入民心了。

就這方面而言，也不能說朱元璋完全沒有責任。

背鍋俠從來不會辯解，
也不會問鍋沉不沉，

他們只會默默扛上，
然後繼續前行。

——朕自己說的

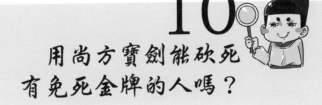

10
用尚方寶劍能砍死
有免死金牌的人嗎？

　　在古裝劇裡，有兩大神器人人都想要 —— 一是「上斬昏君，下斬奸臣」的尚方寶劍，二是「一牌在手，誰都敢惹」的免死金牌。

　　它們的存在就像是皇家版的「矛」和「盾」。

　　那麼問題來了 ——

持有尚方寶劍的人能殺死持有免死金牌的人嗎？

首先，我們得搞明白一個關鍵問題——

1. 尚方寶劍

　　一看名字就知道，尚方寶劍的誕生場所必然是尚方，而尚方早在秦漢時期就已經存在，它相當於古代皇家御用製造廠。

　　所以，從尚方出品的劍自打出生，就已經和別的劍有了階級之分，是完全的劍中上品。

能在皇家製造廠打工的仔，自然不會是凡夫俗子。例如，改進造紙術的蔡倫，就在那裡造過劍。

中常侍蔡倫加位尚方令，永和九年，監作祕劍及諸器械，莫不精工堅密，為後世法。

——《後漢書·蔡倫傳》

最早的尚方寶劍叫「尚方斬馬劍」，馬都能斬，可見是真的很鋒利。

就很厲害

但這把劍是如何從平平無奇的名牌劍成為奸臣最怕的奪命劍呢？

那還得從趙飛燕她老公說起。

趙飛燕的老公——一個不靠譜的皇帝。

不僅沉迷美色，還亂用貪官，把當過自己老師的大貪官任命為丞相。

這令人窒息的操作氣得大臣朱雲站出來當場求劍。

臣願賜尚方斬馬劍，斷佞臣一人以厲其餘。

——《漢書·朱雲傳》

「我這邊剛任命，你這邊就要殺人，這完全不給面子啊！」氣得皇帝當場就想把朱雲拿下砍了。奈何朱雲力氣大，抱著柱子不撒手，結果——

最後多虧朱雲的好朋友官高（左將軍）人好（磕到頭出血），為朱雲求情，才保住了他一命。

這事過後，裝修隊準備來換那根被朱雲折斷的柱子時，皇帝說了下面這番話。

> 算了，留著吧，怪厲害的，用它來表彰直言敢諫的臣子。

上曰：「勿易！因而輯之，以旌直臣。」

——《漢書·朱雲傳》

由此，從西漢時期起，尚方寶劍就開始有斬奸臣的意味了。

那時候，尚方寶劍最大的作用還是用來賞賜。

前吳漢北發兵時，大王遺寵以所服劍。

——《後漢書‧彭寵傳》

不過，也有大臣因為被賜劍次數太多，直接拒絕了皇帝想再給一把的想法。

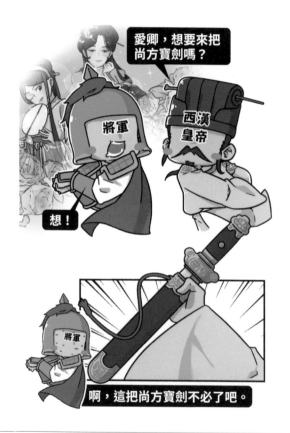

先帝賜臣劍凡六，不敢奉詔。

——《漢書》

一直到了北宋時期，尚方寶劍才被真正賦予了斬奸臣的作用。

主要原因是北宋剛建立，社會不穩定，趙匡胤本人也忙得不可開交，就用賜劍的方式給出征的將軍一定的權力，以免因為要請示皇上而貽誤戰機。

> 本朝之制，大將每出討，皆給御劍自隨，有犯令者，聽其專殺。
>
> ——《武經總要》

這種權力也不是無限制的，只有副將以下的官員犯錯，手持尚方寶劍的將領才可以先斬後奏。

> 十萬大軍由卿一人節制。凡副將以下不聽命者，可先斬後奏。
>
> ——《武經總要》

到了明朝，尚方寶劍的使用權就分得更明晰了。

① 不能越級

巡撫和總兵這些大官是不能被斬的，頂多撤職。

② 不能越界

手持尚方寶劍的人只能在自己的管轄區內殺人，不能管別人家的頭上。

> 巡撫不用命，立解其兵柄，簡一監司代之；總兵不用命，立奪其帥印，簡一副將代之；監司、副將以下，悉以尚方劍從事。
>
> ——《明史·楊嗣昌傳》

如果隨便斬人，你也會被皇帝砍了。

而且，即便是在明朝，尚方寶劍也基本用在出征時，打完仗回來就沒用了。也就是說，這劍是有使用期限的。

到了清朝，皇帝們喜歡把權力掌握在自己手裡，尚方寶劍就沒啥出場鏡頭了。

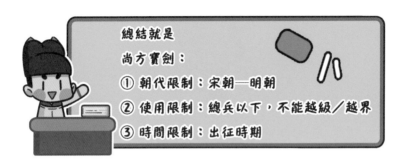

2. 免死金牌

很遺憾，歷史上並沒有免死金牌。

古代版免死金牌叫「丹書鐵券」，它既不是金子做的，也不是塊牌子，而是一塊鐵板。

你認為的免死金牌：金光閃閃

實際上的免死金牌：鐵板一塊

　　這鐵券最早的發明者是劉邦，主要用來獎勵開國功臣，人手一塊。儀式感還弄得很足，先確認獎勵內容，再認真用朱砂寫在鐵板上，然後裝進金盒子裡，最後放進祖廟。

　　大張旗鼓搞了這麼一大堆，偏偏沒有免死這個功能。

　　畢竟，韓信被殺了，蕭何也被關進大牢差點死在裡面。

　　別看這鐵券發出去百來份，也就只有五個功臣的後代順利承

襲了爵位，其他人不是被殺就是被奪爵。所以在漢朝，丹書鐵券也就相當於一張獎狀。

就很沒意思。

　　丹書鐵券要有免死功能，還得等到南北朝時期。

　　在某次戰役中，宇文泰被部下李穆救了一命，一直念念不忘這救命之恩。

　　等他當上大官，連皇帝都是自己傀儡的時候，他立馬給李穆送了一張附贈十次免死機會的「真・帶免死功能・有用・鐵券」。

寶貝，拿去用，不夠我再給你加。

宇文泰

李穆

> 賜以鐵券，恕其十死。
>
> ——《隋書·李穆傳》

在那個人人把腦袋掛褲腰帶的混亂的南北朝時期，一看鐵券還能有這功能，大臣們開始瘋狂向皇帝求券。

就這麼到了唐朝，發券變得越來越普遍，鐵券不僅由原本的朱砂字變成金字，免死的次數也越來越多，甚至把後代的免死機會也給包了。

> 卿恕九死，子孫三死，或犯常刑，有司不得加責。
>
> ——《全唐文》

你們也懂的，皇帝的嘴，騙人的鬼。

唐朝發了百來張丹書鐵券，可其中有 1/4 左右的人經歷了非自然死亡。

到了明朝，朱元璋尋思：大臣想要就給，沒顯出這鐵券的珍貴性。於是對發「獎狀」有了如下明確規定。

發送對象	僅限於立有軍功，被封為公、侯、伯爵的勳臣
鐵券等級	公爵二等、侯爵三等、伯爵二等
鐵券大小	最大：高34cm，寬55cm
	最小：高21cm，寬41cm

而且，為了防止盜版，鐵券還一式兩份，一份放獲獎者家裡，一份放宮裡。等到用的時候，兩個放一起驗真假，通過驗證才能有效使用。

搞得這麼正經八百，朱元璋的開國功臣們啥下場，大家也都很清楚。

不是有免死功能嗎？朱元璋出爾反爾不怕別人笑他不講信用嗎？

機智的朱元璋早在發鐵券前就已經想好了。

在朱式鐵券中都有這樣一句話——

除謀逆不宥，其餘若犯死罪，爾免二死，子免一死。

這下想殺人就很簡單了，只需要把你判定為謀逆就行。

所以，從老朱手裡拿到丹書鐵券，四捨五入就是拿到死亡預告書。

開國功臣李善長從老朱那拿到「催死金牌」時，就決定當場跑路。

李善長最終還是以彎彎繞繞的謀反罪被殺了。

所以說，丹書鐵券有沒有用，還是皇帝說了算。

也正是因為老朱的「神」操作，之後這丹書鐵券就沒人敢要了，到了清朝，也就沒這玩意兒了。

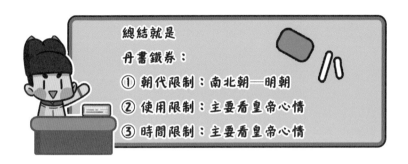

總結就是

丹書鐵券：

① 朝代限制：南北朝—明朝

② 使用限制：主要看皇帝心情

③ 時間限制：主要看皇帝心情

說了這麼多，尚方寶劍究竟能不能斬免死金牌，大家應該已經有定論了。

那就是——

丹書鐵券就那麼丁點大，只要尚方寶劍想砍，還是能砍死的，主要就看砍死後皇帝的心情，從而決定砍死了別人的你會不會接著死。

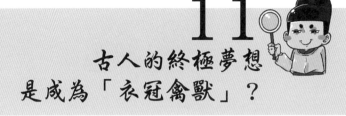

11 古人的終極夢想是成為「衣冠禽獸」?

如果在明朝,你問一個孩子長大後希望成為什麼樣的人,那收穫的答案也許是四個字——「衣冠禽獸」!

「衣冠禽獸」這個詞,在現代無疑是一個貶義詞,在古代怎麼就成了百萬平民之夢了?

這還得從朱元璋說起。

老朱上位之後,穿上了真龍天子的必備裝備——

龍袍

剛開始還喜孜孜，後面越穿就越覺得不得勁。

終於，在不停的思考中，老朱發現了問題所在。

在《獅子王》中，百獸之王上位時都有其他動物圍觀，那場景異常尊貴。

否則，就一隻狒狒舉隻小獅子，舉得再高也沒什麼意義，還是要有人圍觀。

朱元璋上朝就有這種感覺，只有自己的衣服上一龍獨秀，沒有別的小動物來瞻仰對比，明顯不夠氣派。

於是朱元璋決定，在官員的衣服上也繡上小動物。這樣，開會的時候就有百獸來朝見老大的感覺了。

不能全身衣服都繡，畢竟，這樣會搶了自己的風頭。

於是，他決定先在一塊布上繡上動物，再縫在官服前後，那塊東西就叫補子，簡稱「補」。

所以，官員的衣服就叫「補服」。

現在，新的問題來了——

普通雞明顯夠不上檯面，搞得上朝跟上菜市場一樣，但有「人間小鳳凰」之稱的紅腹錦雞還是可以的。

不過，錦雞再美也還是得排在仙鶴之後，誰叫仙鶴長壽又有神仙撐腰呢？

除了這兩位早在國鳥競選中針鋒相對的選手，朱元璋還在飛

禽裡選出了另外 7 位佳麗，代表文官的不同官品。從下圖中我們可以看出，老朱的挑選標準只有一個——看臉。

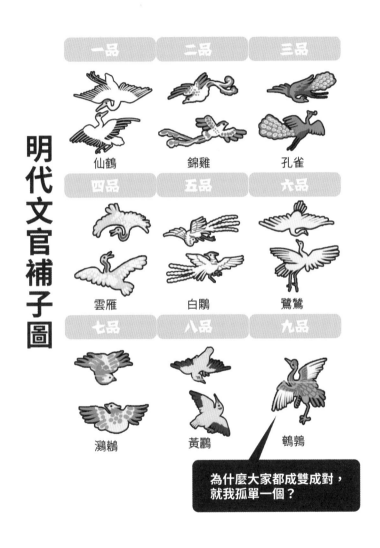

明代文官補子圖

一品　二品　三品
仙鶴　錦雞　孔雀

四品　五品　六品
雲雁　白鷴　鷺鷥

七品　八品　九品
鸂鶒　黃鸝　鵪鶉

為什麼大家都成雙成對，就我孤單一個？

既然文官用了飛禽，武官自然就對應用走獸。

所以，老朱在走獸裡也選出了 6 位選手。

武官補服

| 一、二品：獅子 |
| 三、四品：虎豹 |
| 五　　品：熊 |
| 六、七品：彪 |
| 八　　品：犀牛 |
| 九　　品：海馬 |

　　雖然武術生沒藝術生那麼愛自拍，畫像留存不足。

　　但從僅有的圖中我們也不難看出，老朱選走獸的標準就是——力量。

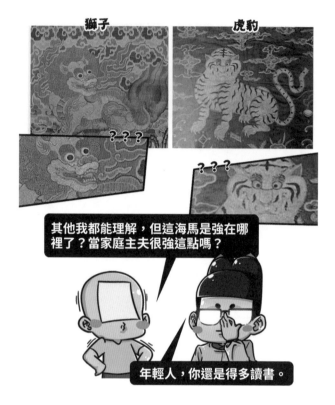

中國古代的海馬最早記錄於《山海經》：「北海內有獸，其狀如馬，名曰駒騟（ㄊㄠˊ ㄊㄨˊ）。」

在北海且長得像馬，所以叫牠一聲「海馬」，這不過分吧。

就很無語

宋朝的《夷堅志》也有記載：「月夜有海獸，狀如馬。」

紀錄裡說這海馬誤闖了海邊漁村，被村民當作怪物殺了，結果第二天，海水暴漲，淹死了全村的人。要比慘還是村民慘，但也從故事證明了這海馬還是挺強的。

其實單從髮量看，你應該也能體會到牠的強大。

安排妥當後，老朱快樂了，自己四捨五入也算擁有了百獸園。而底下這一群穿著帶有飛禽走獸 logo 衣服的人，不就是「衣冠禽獸」本人嗎？

明《出警入蹕圖》

那麼，這樣光鮮亮麗的「衣冠禽獸」們，又怎麼淪落到了人人嫌棄的地步呢？究其根本在於——工資太低了。

這裡要為老朱說句話。雖說朱元璋早期經歷很慘，但不代表人家就很摳門。

在發工資這點上，朱元璋並沒有那麼苛刻，一開始定下的工資水準也不算低，在明朝早期養活一家老小還是完全沒問題。

> 國初定制，百官俸給皆支本色米石，如知縣月支米七石，歲支米八十四石，足夠養廉用度。
>
> ——王瓊《雙溪雜記》

問題在於，這工資被朱元璋定成了「永制」。

也就是說，任時光穿梭，任物價變化，我的工資永不變——真·死工資。

　朱棣為了上位，搞了個「靖難之變」，不僅弄出了個千古謎題「朱允炆去哪兒了」，還把國庫搞得很空虛。

　原本按稻米支付的工資，現在由於糧食儲備堪憂，變成了如下兩部分。

　這主要問題就出在折色上。

　由於大明寶鈔發行太失敗，而且一代更比一代差，到後期壓

根兒就沒啥人用這玩意兒了。

國家不僅沒把寶鈔發行太失敗當回事，還把工資裡的折色比例越提越高。

這下，領工資＝領廢紙，讓原本就不富裕的大臣家庭雪上加霜。就連清官海瑞都感嘆：買二斤肉是真的不容易。

而且到了明朝中後期，官員間很流行送禮。本來養家糊口就已經不容易，現在還得維繫交際、照顧面子、充充排場。

　　無奈之下，「衣冠禽獸」們紛紛走向了貪汙的道路。

　　雖說朱元璋在立朝早期規定過，貪 60 兩就直接人頭落地。

　　這阻撓不了官員們貪汙的心。

　　他們無所畏懼，想盡一切辦法，在貪汙的路上越走越遠。一個七品知縣就能貪到一品官員年薪十倍的錢。

　　這下官員們的痛苦被成功轉嫁了，平民百姓卻哭出了聲。

　　而這群壓榨他們的「衣冠禽獸」，也從百萬平民之夢，成了百萬平民之恨。

明朝話本《金蓮記》中就已經有：人人罵我做衣冠禽獸，個個識我是文物穿窬。

所以說，隨著時代變化，一些詞語很可能會有和原來完全相反的涵義。

如果你有機會穿越的話，用詞必須謹慎喔。

12 古代戰爭
真的要打三百回合？

在演義小說或者影視作品裡，我們經常可以看到這樣一種情景：雙方開打前總要拉開陣勢，然後大戰三百回合。

決出勝負後，勝者再帶兵衝殺一番。

現在的人對於古代打仗抱有太多類似的誤解，今天我們就要破除關於古代戰爭裡的種種流言。

1. 大戰三百回合？不！

這種說法深受《三國演義》和《水滸傳》的影響。

首先，得搞清楚「回合」是什麼。「回合」最早出現在春秋時期的車戰中。

兩輛戰車迎面對衝，遠的時候先用弓箭對射一輪，近身時再用槍攻擊對方的人和車，這樣一次交鋒就叫「合」。

如果沒死人沒撞車，兩輛車就交錯而過了，這樣衝到敵陣也不太妙，要讓車轉個一百八十度回去再打一次，這就叫「回」。

所以兩邊交戰就是這樣「回」「合」、「回」「合」地進行。

其實答案很簡單，因為這樣打不科學。

騎兵打仗的最大優勢在於衝擊力，盡力衝向對手，以高速配合長武器形成巨大的衝擊力，迅速終結對手才是正確的作法。

歷史上武將單挑的次數真不多，很多還是意外。

例如，三國時期的孫策和太史慈單挑了一場，原因還挺搞笑。

這兩位老兄原本想巡查一下地形，方便以後排兵布陣，誰知道兩個人心有靈犀一點通，巡查到相同地方了。

兩人見面有點尷尬，因為大家都只帶了十幾個人，當沒事發生，又好像有點丟臉，只好開幹。

據說在這場混戰中，太史慈搶了對方頭盔，孫策搶了對方的戟。

（劉繇）但使（太史）慈偵視輕重。時獨與一騎卒遇策。策從騎十三，皆韓當、宋謙、黃蓋輩也。慈便前鬥，正與策對。策刺慈馬，而攬得慈項上手戟，慈亦得策兜鍪。會兩家兵騎並各來赴，於是解散。

——《三國志》

後來，雙方士兵都趕來支援，孫策和太史慈識趣地達成共識，乖乖回到後方開始調兵遣將。

看看，這才是將領的正確作法。而且就算一方想單挑，當對方傻呀？當雙方帶的是幾千、幾萬跟來看熱鬧的鄉民？

而且，親自上陣的風險真的很大。夏侯淵身為主帥親自帶兵去修補陣地夠激勵士氣了吧？夠振奮人心了吧？劉備看了也很

感動，然後派兵宰了他。「老闆」曹操也很感動，說：「為督帥尚不當親戰，況補鹿角乎？」

翻譯過來就是——

可以看到，以曹操為代表的古人基本持有同樣的觀點：一個合格的將領是不會輕易去送死的。

所以，將領親自出陣真的是非常非常少見的事情，而且主將單挑對歷史也沒什麼重大影響。

2. 超重武器？武功高強？不！

　　大家總以為很多武將武功高強，拿著很重的武器，這樣才顯得勇猛。例如，關公的刀重 82 斤，典韋的雙戟也有 80 多斤。這兩位還算客氣的，隋唐的李元霸，他的錘子有 800 多斤……

　　本來只是小說家隨便說個數糊弄一下讀者，沒想到當真的人意外得多，還為他們辯解：「古代武將天天鍛鍊，吃好喝好，體質比現代人要好得多，能拿起來也很正常。」

　　要是真這麼想就太天真了。

來看看古代出土文物。錘，已經算是重武器了，在各種電玩或者影視劇裡是下面這樣的。

然而明朝出土的金瓜錘是這樣的——

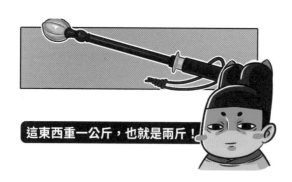

就這麼「輕」的一個錘子，經過槓桿作用，可以把對方的頭連著盔甲一起砸扁。

我們不是說古人舉不起 80 多斤的東西，只是舉起 80 斤的槓

鈴和揮舞著 80 斤的槍鈴打架，完全是兩回事。

至於武藝，並不是沒有，只是比大多數人想像中要樸素得多。

很多人會高估武藝的重要性，但是比起技巧什麼的，力氣大加武器長才是王道。

騎兵配合馬的衝擊力一下子就能打死人，步兵幾個人一齊上，也能很快捅死對方，哪用得著你來我往、叮叮噹噹打個三百回合？

明朝名將戚繼光就是個明白人，他禁止士兵學那些耍花槍般的訓練。

> 凡比較武藝，務要俱照示學習實敵本事，直可對搏打者，不許仍學習花槍等法，徒支虛架，以圖人前美觀。
>
> ——戚繼光

那真正能打的是什麼呢？是紀律。

> 開大陣，對大敵。比場中較藝，擒捕小賊不同。堂堂之陣，千百人列隊而前，勇者不得先，怯者不得後；叢槍戳來，叢槍戳去，亂刀砍來，亂殺還他，只是一齊擁進，轉手皆難，焉能容得左右動跳？一人回頭，大眾同疑；一人轉移寸步，大眾亦要奪心，焉能容得或進或退？
>
> ——戚繼光

總結一下，亂拳打死老師傅。

3. 精銳士兵？運籌帷幄？不！

不知道是不是受影視劇和電玩的影響，很多人感覺古代打仗是這樣的——

但實際上是這樣的——

現代人往往高估了古代士兵的紀律性，其實古代中外的絕大部分軍隊都面臨著兩個問題：

1 士兵吃不飽飯。

2 士兵是一群烏合之眾。

雖然不能親眼見到古代士兵，但有近代士兵可以作為參考。

在世界大戰的時候，有人做過紀錄。在大部分戰鬥中，如果一方的傷亡率達到 30%，就已經完全喪失戰鬥能力了。

換句話說，一支軍隊的傷亡率超過 30% 還能繼續戰鬥，已經可以稱得上是精銳部隊了。傷亡率超過 50% 還能繼續戰鬥的，紀錄裡幾乎沒有。

當傷亡率超過 10% 或者 20% 的時候，大家基本上已經開始瘋狂逃命了。這才是常態。

軍隊容易潰散，所以在戰場上指揮軍隊是比較困難的一件事。古代的士兵，理論上是聽鼓響就向前衝，聽鑼響就往後退，能擺個有模有樣的陣法出來就已經算得上訓練有素。

就算表面有個陣形，實際打起來也是一衝就散。加上在戰爭中傳遞資訊並不容易，所以一般都靠聲音和旗幟。

戰場上太混亂了，對方也在敲鼓，聽不清怎麼辦？旗幟被對方砍了怎麼辦？還不是得回到最原始的方法：看別人跑我就跑。

　史書或電視裡那種決勝千里外的運籌帷幄，那種戰到最後一人的寧死不屈，在現實裡並不是常態。很多時候，與其說拚謀略戰法，倒不如說拚後勤和資訊，拚誰犯的錯誤更少。

忽略大量細節的戰鬥，會讓人覺得贏的
將領強得不行，輸的將領弱得不行。

　最後總結一下，現代人心目中的古代戰爭，經過了文學以及心中的美化，往往帶有強烈的英雄主義色彩。

　實際上，古代打仗遠比人們想像中更加複雜，也更加混亂，當然，也更加殘酷。

13 古人打仗時 想上廁所怎麼辦？

古人打仗時想上廁所該怎麼辦？

這問題乍看很不正經，但其實這是一個很嚴肅的問題。

嚴肅，不要笑。

有人說，隨地一拉不就行了嗎？這可不行。排泄物可是軍事機密，有經驗的士兵可以從排泄物裡辨別出各種狀況。

例如，軍隊的規模大小、衛生條件如何、是否斷糧、是否有乾淨水源等。

而且，大量糞便會滋生蠅蟲、降低衛生條件，這樣士兵就容易患上消化道疾病，導致腹瀉。

腹瀉會導致更大量的糞便，蠅蟲會瘋狂滋生、衛生條件會瘋狂降低，士兵會瘋狂患上消化道疾病，又會導致大量腹瀉……

這時，一名熱心市民打斷了本文。

這樣的惡性循環一旦開始，想停下來就不是那麼簡單了，很容易發展成瘟疫。古今中外多少軍隊都敗在了瘟疫上。

所以在緊迫的戰鬥中，未經處理的排泄物比敵人更加可怕。

1. 就地解決

這可以說是最原始、最簡單實惠的方法，無須工具，找個地方脫褲子即可。

還可以帶個鏟子，拉之前挖個坑，拉完就地掩埋，綠色環保無汙染，可謂人與自然和諧相處的完美典範。

但是，這個作法也有重大缺陷。

首先，有士兵趁出恭的時候直接逃了；其次，如果大家都就地解決的話，場面可能會非常壯觀；最後，自己出去解決還有個重大安全隱患，那就是容易被敵方發現。

當然也可以拉完就跑，但是這樣不道德的行為也不是所有人都能做到，只有機動性強的軍隊才有能力這麼做。

一般遊牧民族會這樣做。由於騎兵機動性很強，不會在一個地方停留，所以只需要指定在一個地方解決，然後拔營出發就行了。

2. 公共廁所

人一多，就容易拉得到處都是，這時統一規劃管理就變得很重要了。

李靖和戚繼光等名將都曾出書寫過軍隊裡廁所的重要性。

一般幾十個士兵一個營區，一個營區挖一個大坑。當然如果這支軍隊比較講究的話，坑還可以修成這個樣子。

　　坑的選址是很重要的。不能靠近水源和廚房，也不能靠近睡覺的地方，還要科學地選在下風處。

　　公共廁所的好處有很多，例如，方便統一處理，避免洩露軍事機密，有效預防衛生條件的惡化，大家一起上廁所還可以促進感情等。

　　但是，這個方法也有缺陷。首先，挖坑需要耗費人力和時間；其次，嚴格來說公共廁所需要頻繁消毒，埋土是最基本的，說不定還要化學處理，例如：焚燒、撒石灰等等……

當然，最有效的辦法還是定期清淘。所以，對於清理的人來說，公共廁所是地獄般的存在。

更可怕的是，如果遇上下雨，說不定還會溢出來。如果再碰巧有投石或者炮彈打過來……

3. 以毒攻毒

既然想要擊退敵兵，也想要減少排泄物，那把排泄物丟給敵兵，豈不是雙倍的快樂？

於是，古人會把排泄物統一收集起來，命名為「金汁」。聽起來挺文雅的，但用起來就不怎麼文雅了。

一般士兵會用金汁泡箭頭，再射向敵兵。這樣很容易造成細菌感染，同時有效噁心對方，形成生理心理的雙重打擊。

這種用法已經非常惡毒了，但還有更惡毒的用法，那就是加熱之後倒在正辛苦爬城牆的敵方士兵頭上。

這一招會給受害者帶來無窮無盡的傷害。如果他運氣好，沒有因為金汁掉下去摔死，傷口也沒有被細菌感染，還頑強地倖存了下來，那他餘生也必須接受「自己曾被金汁潑過」這一悲慘事實。

4. 循環利用

如果是守城將士的話，選擇就可以更從容。

早在春秋戰國，古人就已經開始在城牆上修建廁所了，守城的士兵可以輪流上。廁所有兩層，地面是豬圈，二層是廁所。

> 五十步一廁，與下同圂。
>
> ——《墨子·備城門》

這種作法凝聚了勞動人民的智慧，非常經濟實惠，是華人環保理念的超前布署，是華人循環經濟的偉大嘗試。

5. 緊急時刻

　如果真的打起來了，突然想上廁所怎麼辦？

　在真正動手前，士兵會減少粗糧和水分攝取，這樣就不容易上廁所。加上精神高度緊張，人體生理上也會抑制上廁所的衝動。

　不過這東西很難說，如果真的還是想上廁所，該怎麼辦？

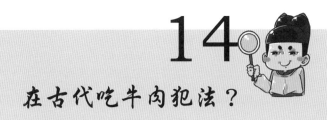

14

在古代吃牛肉犯法？

和今天不同，在古代，牛很重要，私自殺牛可是犯法的。

宋朝能不能殺牛吃肉？不能。

私自殺牛是法律明文禁止的，《宋刑統》中明確規定：「諸故殺官私牛者，徒一年半。主自殺牛馬者徒一年。」

　　牛是古代農耕社會裡重要的戰略物資，是重要的生產資料，甚至比人還重要。

　　梁山好漢吃不吃牛肉？吃了，而且吃得可香了。

　　據不完全統計，各位好漢一共吃了 12 次牛肉，其中有幾次還是聚眾吃牛肉，平均每人能吃幾斤。證據確鑿，無可抵賴。

雖然宋朝人老是說羊肉才是王道，但只是宮廷裡的人這樣說，老百姓可不一定同意。

在他們心中，「以牛肉為上味」，羊肉都得靠邊站。

在宋朝，吃牛肉的人多得是，有的地方甚至「一鄉皆食牛」。

所以真正要抓的是——吃牛肉的老百姓！

宋朝規定私自宰牛是犯法的，但好像沒規定吃牛肉犯法。所以不僅老百姓吃，詩人和官員也吃，還吃出各種花樣：什麼水煮牛肉、烤牛肉、牛肉乾……應有盡有。

雖然提前向官府報備拿到許可證，可以殺病牛和老牛，但是這麼大規模地吃牛肉，很明顯不能單靠病牛和老牛。而且病牛和老牛的肉很可能也不好吃。

所以真正要抓的是——店家！

實際上，只要稍微總結就知道，《水滸傳》裡賣牛肉的店有：

這些店有一個共同點——都在荒無人煙的偏遠地方。這充分
表達了一個中心思想——

而在《水滸傳》裡，也有不與世俗同流合汙、賣羊不賣牛的清流店家。

例如，在第三十八回，宋江、戴宗和李逵在江州著名的琵琶亭大酒店裡想吃牛肉，就被服務員拒絕了。酒保道：「小人這裡只賣羊肉，卻沒牛肉。要肥羊盡有。」

可見正經的大酒店是不會賣牛肉的。

所以真正要抓的是──賣牛肉的無良店家！

既然殺牛犯法，要坐牢，怎麼還有這麼多人敢殺牛？

其實，這只是一道簡單的計算題。

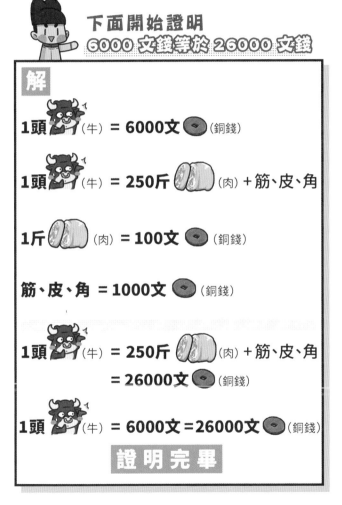

下面開始證明
6000 文錢等於 26000 文錢

解

1頭（牛） = 6000文（銅錢）

1頭（牛） = 250斤（肉）＋筋、皮、角

1斤（肉） = 100文（銅錢）

筋、皮、角 = 1000文（銅錢）

1頭（牛） = 250斤（肉）＋筋、皮、角
= 26000文（銅錢）

1頭（牛） = 6000文 = 26000文（銅錢）

證明完畢

> 蓋一牛之價不過五七千，一牛之肉不下二三百斤，肉每斤價值需百錢，利入厚故，人多貪利，不願重刑。
>
> ——《宋會要》

因為殺牛能有 4-5 倍的暴利，所以宋朝的宰牛業相當發達。特別在兩浙一帶，甚至有屠戶殺牛致富，走上人生巔峰。

> 恩州民張氏以屠牛致富。
>
> ——《夷堅志》

更厲害的是一個叫劉棠的屠戶。這位老兄不僅宰牛，而且還瘋狂宰，宰了成百上千隻。

甚至還搞了酒店、肉店之類的連鎖經營，提供一條龍服務，非常囂張。

所以真正要抓的是——殺牛的屠戶！

雖然前文已經說過，宋朝明令禁止殺牛，讓牛受傷導致其不能工作也跟殺牛同罪；南宋最嚴格時，殺耕牛要判死刑。

但實際上，百姓根本不管這一套，該宰就宰、該吃就吃，因為地方官府根本就不管。

曾經有中央官員視察發現，不僅鄉下地方有賣牛肉的，從洛陽到開封這樣的大城市，一路上也全是賣牛肉的。

然而，絕大多數地方官員默契地切換到了「睜一隻眼閉一隻眼模式」，還設立了牛肉稅，搞得牛肉市場欣欣向榮。

所以真正要抓的是——地方官員！

宋朝理論上說要保護耕牛，但那時的畜牧業有了很大的發展，牛的數量比以前多了很多。

於是地方官府一看，所有人都在吃，還管什麼？乾脆採取了資本主義的先進方法——收牛肉稅。

這不僅能讓人民的口味得到滿足，還能增加點地方收入。

國泰民安，豈不美哉！

　　皇上知道有牛肉稅這件事時，有些地方都已經收了 70 多年了。因為中國地方實在是太大了，中央政府的管理能力有限，很大程度上要靠地方自我管理。

　　所以在吃牛肉這件事上監督不力，說到底還是朝廷不行。

　　所以真正要抓的是——皇帝！

15 古人住客棧
要冒著生命危險？

大家都知道，在《水滸傳》裡想要尋死很簡單，只要做一件事——住店。

你可能會有如下遭遇。

旱地忽律朱貴的南山酒店：殺人越貨，瘦肉切成肉片、肥肉做成燈油。催命判官李立的揭陽嶺酒店：殺人搶劫，把人剁了當肉餡。當然最出名的還是孫二娘的十字坡酒店：還想把武松做成人肉包子。

你們這個人肉叉燒包還
搞連鎖店還是怎麼的？

雖然《水滸傳》只是小說，但有人認為藝術源於生活。

那麼古代是不是真的有這麼多黑店呢？

住店是不是真的這麼危險？

住客會不會常常被做成包子呢？

早在漢代，黑店可能就已經出現了，而且這個黑店還差點殺掉了皇帝。

據說，鼎鼎大名的漢武帝喜歡晚上出去玩。有一次，他跑去柏谷玩，玩累了在旅館住下，還問旅館主人要酒喝。

而這個旅館老闆還挺囂張的，他是這樣說的：

那個老闆真是這麼說的⋯⋯

> 又嘗夜至柏谷，投逆旅宿，就逆旅主人求漿，主人翁曰：
> 「無漿，正有溺耳！」
>
> ——《資治通鑑‧漢紀九》

老闆還懷疑他是盜賊，聚集了一幫人想要圍毆漢武帝，好在他老婆看出漢武帝不像一般人，就勸老闆不要動他。

老闆一開始還不聽，於是她把老闆灌醉綁起來，這才救了漢武帝一命。

漢武帝第二天回宮，賞賜了老闆娘很多錢財。不過經過這次，漢武帝也學乖了，乾脆自己建了 12 間旅館。

宋朝的經濟很發達，往來通商和旅遊的人更多了，私人旅店也搞得有聲有色，其中可能混雜著不少黑店。

直到清朝，相關記載都一直存在。長江下游（也就是江西、江蘇等地）和山東一樣，路上也有很多黑店。

> 長江下游匪徒甚多，晝奪夜劫，時有所聞，陸道則尤多黑店，與山左無異也。
>
> ——《清稗類鈔》

書裡還給了個生動案例：

有一個賣豬的商人去到江西浮梁縣，找了個夫婦合開的旅館住下。

雖然穿得破破爛爛，但老江湖一看就知道他身上帶著不少錢。

這位商人住在樓下，很巧的是他在樓上遇到了自己的老朋友——一個賣燈草的商人。

賣豬的商人晚上睡不著，就想找老朋友聊聊天。

朋友也是好人——

你是不是不習慣住樓下啊？
你想跟我換房間的話也行啊！

賣豬的商人很感動，換了房間後果然睡著了。半夜三更，他被樓下的動靜吵醒，下樓一看，嚇呆了——原來是店主夫婦拿著刀進了房，正對著裡面熟睡的燈草商人猛砍。

想到那個死去的人原本會是自己，他怕得渾身發抖，天一亮就直接逃出去告官了。

這類黑店故事情節曲折刺激，細節豐富，而且廣泛出現在各種筆記、話本、小說裡，列舉不完。

這類故事是不是真的？不知道。但普通老百姓是真的很怕遇到黑店。

不過，看故事也就圖個娛樂，真要看還得看真實案件。

上述事件說得有鼻子有眼，不過真實性不得而知。

下面這些才是真實案件。

《折獄龜鑑》裡記錄了「韋皋驗薄考辭核逆旅奸」一案。

韋皋在劍南地區當官時，當地有家黑店，會對住店的商人下毒，殺人劫貨，還靠這個發了財。官府查上門來，店家還謊稱商人是病死的。

好在最後官府發現帳簿是偽造的，而且店家的證詞有不少地方不能自圓其說，透過前後物證人證對比，才最終查明了案情。

乾隆批過一份奏摺，也是跟旅館殺人案有關。

乾隆四十三年（1778 年），河南有個悍匪叫張振奇，此人心狠手辣，力大無比，被官府抓獲後發配雲南彌渡縣。

這裡有很多商人經常來往做生意，張振奇看準這個優勢，在這開了一家旅店。每當有單身旅客投宿，就殺掉對方並奪取錢財，把屍體埋在旅店的院子裡。

　乾隆一看這個奏摺，大驚，大罵「可惡至極」！

　他下令將張振奇凌遲處死，然後把頭砍下來示眾，還順便把前幾任沒發現案件的官員通通處分了。

可見——

1 古代確實存在著殺人劫貨的黑店；

2 黑店一般在天高皇帝遠的地方；

3 真實案件遠沒有故事刺激。

其實很久之前，官府就開始意識到了這個問題。

從宋元開始，逐漸出現了住宿登記制度「店簿」，明代叫「店曆」。

跟現在的身分證登記是同個意思。

元明時期，民間還出現了「不下單客」的規定。也就是說，單身旅客想要住店，必須有擔保人。

而且由於客人處於劣勢，古代的一些法律會更偏向於客人。

例如，清朝有專門的法律規定：如果客人在盡到個人義務後財物丟了，旅店要原價賠償。

這種情況下，連謀財都挺困難的，更別說害命了。

總結一下，隨著經濟發展，各類人群流動開始變得頻繁，各種旅店也跟著發展起來。

在監管不完善的時候，甚至出現了黑店謀財害命的極端例子，這種事情的傳播力可不是一般強，很快就搞得外出的人們都很害怕。

　人們擔憂自己出門在外被謀財害命，於是各種黑店的故事出現了。在各種筆記小說故事裡，酒家歇店常常被認為是殺人越貨的黑窩。

　在人們豐富的想像力下，甚至出現了一些驚悚的情節（例如人肉包子什麼的）。這些故事往往傳播範圍很廣。

而真正的案件，往往沒那麼驚悚。

　雖然很多案件發生在酒店、旅店，例如打架鬥毆、物品遺失等，甚至有不少黑店會提供賭博、嫖娼等違法服務，對治安造成一定的影響。

做著謀財害命勾當的真黑店其實並不多，《水滸傳》裡描述的：遍地都是做「人肉叉燒包」的黑店，恐怕更像是一種都市傳說。

所以，古代人在城市裡可以放心住店，在偏僻的地方住正規店也沒啥問題。硬要住不正規的店也不是不行，只有運氣很差才會碰到敢殺人的黑店，而且也基本不可能被做成包子，最多會被就地埋了。

16 「三妻四妾」其實都是騙人的？

現代人對自己單身最大的誤解，莫過於覺得要是有穿越的機會，憑藉自己的顏值，回到古代一定能有三妻四妾。

首先，三妻四妾是犯法的，在古代也是。古代實行的是一夫一妻多妾制，而想解鎖這個成就，困難指數高達五顆星，甚至比在現代娶到「青春偶像」還難。

它需要完成以下兩個前置任務：

前置任務一：對的時間

在中國的歷史長河中，能找到一個完美的時間，且分毫不差地穿越，那可能比中 500 萬還難。

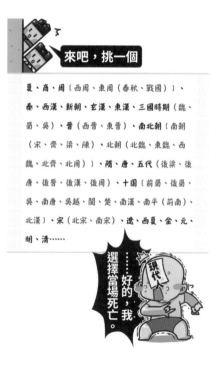

就知道你不行，還不是得靠朕。

1. 不用考慮的朝代：元明清

從元朝開始，一夫一妻制被官方確立下來，元朝成為第一個明文規定老百姓不能娶妾的朝代。

但還是有人以「不孝有三，無後為大」這個最硬的理由，為廣大男同胞爭取到了一個娶妾的機會。

這個機會……就不知道該哭還是該笑了。

畢竟都明文規定了不能娶妾，你想要額外的福利自然有條件，

而元朝娶妾的條件就是——年過 40 且無子嗣。

明清兩朝延續了元朝的規定。

　　肯定有人要說了：「你胡說，韋小寶不是清朝的嗎？他不就有七個老婆嗎？」

2. 繞著走的朝代：晉朝（特指晉武帝時期）

晉武帝司馬炎曾規定：「女年十七父母不嫁者，使長吏配之。」

意思是，女孩子 17 歲還未嫁，就由國家分配對象了。這樣看來，晉武帝簡直是古代削減單身戰士第一人。

司馬炎開始選秀後，全國男性都傻眼了。他在選秀期間下令，全國女性不允許婚嫁，都得入宮參選。意思就是：我先挑，你們再撿剩下的。

選妃不是關鍵，關鍵是司馬炎真的不挑剔，差不多是個女的就行。憑藉這項政策，司馬炎輕鬆拿下「史上後宮人數最多的皇帝」獎項，他的後宮人數占了晉國人口的千分之一。

3. 可以比較放心選的朝代：唐朝

理由很簡單，因為唐朝開放啊。

作為人們最想穿越的朝代之一，唐朝尤其是盛唐，人美、環境好，社交生活豐富，不愁沒手機打發時間。

而且在其他朝代還得面臨兵荒馬亂，或者老天爺不時地開開玩笑，什麼商湯七年不降雨之類的。

所以，選唐朝是比較穩的。

前置任務二：對的地點

對的地點，不是指穿越到一個漫天櫻花、正好有一人等著向你求婚的地方，而是出生地點有沒有選對。

古代不僅重男輕女，甚至還有「產女則殺之」的現象。

更有資料顯示，商代殷墟王邑的男女比例是 183:100，而明朝時期長洲縣（今江蘇境內）男女比例甚至達到 300:100。

你以為的古代是這樣的。

實際上的古代是這樣的。

男女比例三比一，一對情侶一對基。

那為什麼現代人總有種古代不缺女子的錯覺呢？原因都在他們身上。

流傳到現在的故事，都是文人墨客寫的，而青樓是他們尋找靈感常去的地方。

　所以總給人一種風流快活不缺妹子的感覺。

　但普通老百姓大多是文盲，還得忙著幹活，誰有空談情說愛還寫下來？所以強化了古代不缺女子的錯覺。

感恩現代，我沒錢還能在網上裝有對象。

　妹子本身就供不應求，而養人是要花錢的。

　普通老百姓飯都不夠吃，哪還有閒錢去養個幹不了重活、幫不了忙的妾？所以形成了嚴重的兩極分化。

　想要有妾？你得先有錢。

而地位的不同也直接決定了你能納妾的數量。

《春秋公羊傳》中有「諸侯一聘九女」的記載，也就是說，春秋戰國時期，擁有軍政大權的地方長官可以娶九個女子。

漢朝《獨斷》記載：「卿大夫一妻二妾。」「功成受封，得備八妾。」

身為三公九卿中的卿大夫，都只能有兩個妾。但是為了提高工作效率，也有特別規定：想多要幾個也不是不可以，給我去加班幹活當「社畜」吧！

對象，找起來很容易……就是很頭大。

卿大夫

到了唐朝，《唐六典》中規定：親王可以娶 12 個妾，郡王和一品官員可娶 10 個，依次遞減。

每少一品就少兩個對象，普通官員也可以享受多妾福利，當然前提還是——

你要有錢養！

所以，對的地點真的很重要。

如果投胎到平民人家，你只能當個「檸檬精」。

像歷史著名老光棍牧犢子一樣，單身到 70 歲，還創作單身情歌《雉朝飛》。

　　看完以上前置條件，你應該也明白了：穿越與否其實不重要，因為自古至今，社會雖然一直在進步，但有些現象一直沒變。那就是──有錢人似乎永遠都不缺對象。

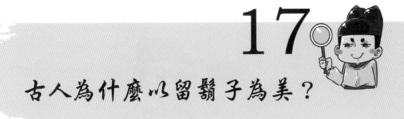

17

古人為什麼以留鬍子為美？

現在在網上，最不缺的就是各種帥哥美女。我們都知道，古代的帥哥美女也不少。

但是，你有沒有想過——

如果現代的帥哥美女回到古代，古人會給他們的顏值打多少分數？

當然，顏值也不光看臉，先不論現代人的髮型在古人眼裡可能怪得不行，光是鬍子這一項，想必就得大大扣分。

現代人往往都會刮乾淨鬍子，不刮鬍子總會給人一種邋遢的印象。

但古人並不是這樣認為的。

髭（ㄗ），口上鬚也；髯（ㄖㄢˊ），頰鬚也；鬚，面毛也。
——《說文解字·須部》

也就是說，嘴唇上的叫「髭」；兩邊腮上的叫「髯」；下巴上的叫「鬚」。

分得這麼細，可見古人對待鬍子的態度有多認真。

秦漢的時候，一把漂亮的鬍子可是當時帥哥的標配。

例如，西漢的權臣霍光，正是因為他有一把漂亮的鬍子，才成為了當時有名的帥哥。

> 光為人沉靜詳審，長才七尺三寸，白皙，疏眉目，美鬚髯。
> ——《漢書‧霍光傳》

據司馬遷說，劉邦也有漂亮鬍子：「隆准而龍顏，美鬚髯，左股有七十二黑子。」

先不管司馬遷說的是真是假，起碼能看出古人對留鬍子還是挺熱衷的。

三國時期有名的「大鬍子」大家就更熟悉了，我猜你第一個想到的肯定就是關羽和他那把飄逸的「黑長直」了。

一向瀟灑的關二爺唯獨對鬍子在意得不得了，掉了幾根都心痛得不行。冬天為了保養鬍子，他還要用塊黑紗布把鬍子包起來，唯恐鬍子斷掉。

雖然用紗布包鬍子一事是《三國演義》的藝術加工，不過藝術加工也是有出處的。

《三國志》裡記載，由於關羽的鬚髯很漂亮，諸葛亮直接就將關羽稱為「髯」了。

羽美鬚髯，故亮謂之髯。

——《三國志》

光是修剪、保養鬍子這些常規動作已經滿足不了古人的愛美之心了，他們還學會了染鬍子，比較早的記載有漢代的王莽。

欲外視自安，乃染其鬚髮，進所征天下淑女。

——《漢書》

翻譯過來就是，王莽想要讓大家看到自己從容自信而且年輕有活力的樣子，於是就染黑自己的頭髮和鬍子，還要大召天下美女進宮，來證明自己精力旺盛。

欸，美女無所謂，主要是想證明一下自己。

　　反正在魏晉之前，沒有一把鬍子的男人都不好意思自稱帥哥。

　　所以說，現在的很多帥哥，特別是「小鮮肉」，如果穿越回古代，推測是沒有什麼市場的。

一起穿越回古代吧，我們兩人的美貌總要比個高低！

去年聖誕的舊鬍子

　　不過，到了魏晉南北朝，人們的思想和審美變得開放，不僅出了像竹林七賢這樣狂放不羈的人，美男子也層出不窮。

很多男人開始學著化妝和刮鬍子。

北齊著名教育家顏之推看不慣這種風氣，還把它寫進了家訓裡，以警示後人。

梁朝全盛之時，貴遊子弟，多無學術……無不熏衣剃面，傅粉施朱……

——《顏氏家訓·勉學篇》

我們可以從《顏氏家訓》中看到，那時候的一些男性不僅會刮鬍子，還噴香水、化妝、塗口紅，可以說是非常精緻了。

那時候人們的審美推測會比較接近於今天人們普遍喜歡的「小鮮肉」。

從那以後，刮鬍子逐漸被社會所接受。

到了宋代，已有不少人開始刮鬍子了。例如《清明上河圖》裡，很多人都沒有鬍子。

這並不代表魏晉南北朝後古人就不愛留鬍子了。

在唐朝，留鬍子仍然是一種潮流，而「翹腳鬍」是當時帥哥最時髦的造型。

翹腳鬍造型

在留鬍子方面，明朝也有不少傑出代表。例如，明朝名臣張居正就是個美男子——有長鬍子的那種。

> 居正為人，頎面秀眉目，鬚長至腹。
>
> ——《明史》

他的兒子張敬修據說更猛：「髯皆過膝。」

這可能有點遺傳因素在裡面。

可見，即使到了明朝，雖然刮鬍子變得正常，但有一把好鬍子仍然是「帥」「成熟」「男人味」的標誌。

其實，直到近現代，仍有不少人喜歡留鬍子，例如我們都很熟悉的「迅哥」（魯迅）。

這都被你發現了。

外國的情況也是很複雜，每個國家對待鬍子的態度都不同。

例如古埃及人流行剃毛，其中也包括鬍子；古羅馬似乎也是流行刮鬍鬚的。

還有很多國家和地區的人是習慣留鬍子的。例如古希臘、古波斯等地，男人沒留大鬍子都不好意思上街。

不過，以古羅馬人為首的「刮鬍子派」，為了讓臉上光溜溜的，付出的代價可謂非常慘痛。

不僅要用原始的青銅剃刀來回折磨自己的臉，還發明了一種鑷子作為輔助。

可能臉上經歷無數次鮮血淋漓，古羅馬人發明了脫毛液和刮鬍膏，傳說其中原料包括：樹脂、母山羊膽汁、蝙蝠血和蛇粉。

我猜羅馬人刮鬍子時都要捏著鼻子。

跟古代中國的情況有點像，隨著剃刀的改進，外國人刮鬍子的習慣也逐漸被更廣泛地接受。

而以留鬍子為美的取向也一直存在。例如近代，德國就靠著牛角鬍引領了一波全世界的鬍子潮流。

牛角鬍造型

別小看這個鬍子，打理起來不是一般的麻煩。

首先，要把下嘴唇和兩腮的鬍子全部剃掉，只留上嘴唇的鬍鬚，然後把它梳理好，再用油脂固定，這樣才能形成牛角鬍。

　　一時間，全世界紛紛開始模仿德國的鬍子新潮流。

　　至於為什麼中國和外國如此不約而同，都以有鬍子為美，道理其實很簡單——雖說有鬍子確實挺麻煩。

在歷史長河的大部分時間裡，刮鬍子更麻煩。

前面已經提到，最早的時候，人們得靠青銅剃刀，甚至石刀來刮鬍子。

這些工具不太鋒利，刮個鬍子得來回割半天，可能這時候已經把臉割幾個傷口了。

即使這樣也不能刮乾淨。但那怎麼辦呢？一個字──拔！

隨著鐵器的出現，刀子變得更鋒利了，甚至出現了專門用於刮鬍的小刀。用剪刀修剪鬍子、頭髮沒什麼問題，但要用小刀來刮臉，那就很危險了。

由於當時技術和刀片的品質不好，被刮出血是家常便飯，下巴多幾個傷口也是很正常的事情，最壞的情況甚至會得破傷風掛掉。

即使後面人們發明了直柄剃刀，刮鬍仍然不是一件容易的事，一般要專人操作，不僅麻煩還很花錢。

有些貴族倒是挺喜歡這種方式，於是刮鬍子就變成了有錢有閒的象徵。

一戰之前，大家基本還是喜歡「漂亮的大鬍子」。

但一戰過後，這種情況徹底反轉了過來，原因是戰場上大規模使用毒氣武器，大家被迫戴上了防毒面具。

原本引以為豪的大鬍子，這時卻成了一種阻礙，影響防毒面具的氣密性。

如果毒氣從鬍子和防毒面具之間的空隙裡鑽了進去，那可不是說著玩的……

沒辦法，鬍子誠可貴，生命價更高，大家只好心痛地剪掉自己精心打理的鬍子。

當然，也有人捨不得自己留了多年的鬍子，會選擇留下中間那一塊，這就是當年風靡一時的「衛生鬍」。

還不錯嘛。

刮鬍子的普及也得益於安全剃刀的發明。

自此之後，刮鬍子逐漸成為了主流審美，留鬍子反而容易讓人覺得邋遢、不講衛生。

到了今天，留鬍子還是刮鬍子，已經成了非常隨意的私人選擇了。

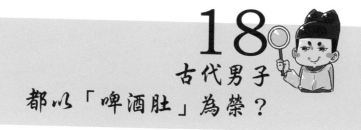

18 古代男子都以「啤酒肚」為榮？

夏天是人類的照妖鏡，女子的「游泳圈」和男子的「啤酒肚」，天氣一熱，人們一脫衣服就現原形。

幾個月啦？是男是女？

現代男子吃出啤酒肚會被說油膩。

然而

古代男子卻以啤酒肚為榮，那叫作瀟灑和富態，還美其名曰：將軍肚。

而秦始皇兵馬俑的將軍肚就是一個很好的代表。

官越大，將軍肚越大。

那麼問題來了——挺著一個大肚子能衝鋒陷陣嗎？打仗打的是寂寞吧。

為什麼古代武將挺著一個將軍肚，卻沒有八塊腹肌？

將軍肚並不是只有秦朝人有，歷朝歷代都常見。可見，這種肚子是有過人之處的，那麼究竟是能打人還是能嚇人呢？

在冷兵器時代，要打群架，裝備必須夠實在。將軍和士兵身上的裝備相當於一套小型健身器材。

戰國時期，吳起率領 5 萬魏軍打敗了 50 萬秦軍，拿下了中國史上以少勝多的著名戰役——陰晉之戰。

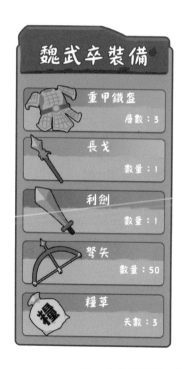

當時，吳起訓練出的魏武卒要披上三層重甲和鐵盔，手拿長戈，腰佩利劍，背著五十支弩矢，要有能開十二石的弓箭（60公斤為一石），還要攜帶 3 天的作戰糧草。

> 魏氏之武卒以度取之，衣三屬之甲，操十二石之弩，
>
> 負矢五十，置戈其上，
>
> 冠冑帶劍，贏三日之糧，日中而趨百里。
>
> ——《荀子·議兵篇》

到了宋朝，步兵的盔甲最重有 29.8 公斤，弩手的鎧甲也有 27 公斤。

明清年間，雖說有了綿甲，鎧甲重量大大減少了，但少說也有 12 公斤。

性感士兵，在線舉鐵，這是猛男秀的鼻祖吧……

把鐵扛身上，這得需要多大的核心肌力？更何況穿在一個毫無力量的瘦子身上，鐵定早趴下了，還殺什麼敵？

　這時有人會說了：瘦子練出八塊腹肌也照樣有力量啊。這就不得不說說「行軍」這回事了。

　古代沒飛機、火車、汽車、腳踏車，將軍還能騎馬，扛著鐵的士兵就只能走路了，一天大概步行 60 里，軍行時長短則 3 天，長則幾個月。

　兵貴神速，行軍速度當然得越快越好，這種情況下，肚子不多囤點脂肪，根本吃不消。

> 凡軍行在道，十里齊整休息，三十里會乾糧，六十里食宿。
>
> ——《武經總要‧卷五》

另外，不是只有走路的士兵需要囤一身脂肪（雖然他們大多因太窮而瘦骨嶙峋），長期騎馬的將軍更需要，他們還需要足夠的腰腹力量來提供能量和抗打抗造的緩衝力。

所以，比起華麗的八塊腹肌，肥厚的腰腹才是武將的利器。例如，以魯智深為首的硬漢們就以「腰闊十圍」為榮。

久而久之，他們的脖子粗得像老虎，脖子越粗，身材越魁梧，東漢班超也是結實肥壯的代表。

生燕頷虎頸，飛而食肉，此萬里侯相也。

——《後漢書·班超傳》

看來，我的大肚子與班超只相差一個萬里侯的美名呀！

到了戰場上，要上陣打群架了，古代群架是講究排兵布陣的格鬥戰。

在格鬥中，體重越大的將軍其脂肪和肌肉越多，那麼力量就越大、越能扛，戰鬥值也跟著往上漲。

不信你看我們的摔跤手和日本相撲選手，如果肌肉增長不了，他們就要刻意增加體重來獲取降維優勢。

這樣看來，古代並沒有飛簷走壁，能打的武將都得是「結實肥壯」的猛士：頭大、手大、腳大、膀大、臀大；頸粗、腰粗、腿粗，虎背熊腰成了標配。

不但行軍能忍餓，萬一打不過還能來一招「泰山壓頂」。

性感武將，在線砍人

特別說明，將軍肚並不是只靠脂肪把肚子撐大，而是在發達的肌肉外面包裹上脂肪，俗稱脂包肌，不然只能算虛胖。

試想一下，如果古代硬漢要保持八塊腹肌，不能有一塊肥肉，必須堅持嚴格的飲食規律：無油無鹽，少食多餐。

而且，肌肉越多，基礎代謝越快，越容易餓。

照古代戰爭那種不眠不休的打法，打著打著就餓死了，八塊腹肌只是吃力不討好。

脂包肌雖說沒有完美線條，觀賞值為零。

戰鬥力和續航能力一百分，跟現代人的啤酒肚完全不一樣，詳情可對照現代的格鬥士和相撲選手。

練得虎背熊腰的武將們在古代有不少迷妹。

雖說君子如玉的「潘安們」有龐大的市場，但絲毫不能阻擋將軍肚們的魅力，畢竟那時的妹子並不崇拜肌肉。

而且，在物質匱乏的年代，富態和肥壯也是富裕的象徵。

建隆初，（李彝興）獻馬三百匹，太祖大喜，親視攻玉為帶，且召使問曰：汝帥腹圍幾何？

使言：彝興腰腹甚大。

太祖曰：汝帥真福人也。

遂遣使以帶賜之。

——《宋史·夏國傳》

我的意中人，終於練得身材圓闊、虎背熊腰來娶我了。

究竟什麼時候八塊腹肌的審美開始取代了結實肥壯呢？這就要問問八塊腹肌的鼻祖──古希臘人。

從古到今，古希臘人對人體肌肉線條一直愛得深沉。

從西元前 5 世紀起，希臘雕塑家米隆的《擲鐵餅者》一直流行到了現在。哲學家也來湊熱鬧，柏拉圖就大力鼓勵體育教育。

希臘人把奧林匹克運動會辦得風生水起，各種肌肉作品也應時而生。畫家還聯合數學家、解剖醫生，研究人體黃金比例，裸露成了流行趨勢。

相反地，古代中國人衣服越穿越厚，包得嚴嚴實實的，還不能光身子。

畫家們的畫風也越來越寫實了，武將們的形象都是清一色的「大肚子」，從韓信到呂布、關羽，都大腹便便。

但你要說每個武將都是大肚子，其實也未必。霍去病偏偏是細腰，刺客們的身材也是一級棒，但顯然刺客都不是宮廷畫師的核心客戶，所以也沒留下他們的畫像。

好吧，我等腹肌美男不配擁有官圖。

古代畫師的重任不是展現朝廷將軍的好身材，而是他們的精神面貌和華麗盔甲。

說白了，就是展示朝廷的硬實力。

所以將軍要嘛身穿重型盔甲，要嘛身著又貴又厚的官服，即便他們有八塊腹肌，也被藏得嚴嚴實實，又有誰知道呢？

明代以前，民間很少有老百姓看過將軍們的大肚子畫像，直到暢銷書插圖產業興起，大量讀者愛上《三國演義》、《楊家將》等書籍，而裡面的插圖參考了官方武將圖，例如 300 多斤的安祿山。

這樣一來，大肚子畫像就上了民間熱搜。百姓不總結不知道，一總結才發現古代武將是清一色的「胖子」。

19

原來中國古代
根本沒有辣椒？

辣椒在明朝末年才傳入我國，在此之前，中國人是吃不到辣椒的。

那沒有辣椒的古人，特別是四川人，是怎麼熬過來的？

其實，中國古代壓根沒有辣椒，歐洲也沒有。

被認為祖傳能吃辣的川渝地區，在辣椒沒出現前，一直吃的是下面這些。

辣椒從哪來？什麼時候來？

這要從歐洲的吃貨說起。

15 世紀，印度胡椒是歐洲貴族的象徵，它能讓變質的肉變香。

在代購鼻祖——阿拉伯人的廣告轟炸下，它還有治療瘟疫的奇效。

代購鼻祖──阿拉伯人
「印度胡椒」店主自用款,已經空瓶三罐!沒什麼問題是一撮胡椒粉解決得了,如果一撮還吃不下,那就再撒一撮!

1分鐘前

但是胡椒被阿拉伯人壟斷,貴得離譜,一磅胡椒可以買一頭豬。

於是,西班牙國王派哥倫布去印度親自帶貨。

然而

　　哥倫布走錯了路，跑到了美洲發現了新大陸，帶回的卻是瑪雅人種了 6000 多年的特產——辣椒，辣哭了國王。

辣得噴火，菊花疼。

　　哥倫布的誤打誤撞一舉改變了全世界的飲食文化，辣椒成了歐洲的爆款。

　　但它無法代替胡椒在歐洲人心裡的原配地位。後來，葡萄牙國王派達・伽馬遠赴印度。

占領印度後，此時已無辣不歡的葡萄牙人又在這裡種滿了辣椒，東南亞的咖哩和美洲的辣椒成功會面。

此時，在麻六甲做生意的明朝漢人，是第一批見到辣椒的中國人，他們嗅到了商機。

當時明朝實行海禁政策，商人們只能偷偷帶一點點辣椒，從廣東和浙江過關回國。

然而

他們先賣給了家有園林的江南文人，而不是市民和開飯店的老闆。

當時，江南園林流行奇花異草，所以文人喜歡雇出海的商船去尋找，找到後回來種在園子裡，然後跟別人炫耀。

因此辣椒首次在中國露面是觀賞用的，有時還用來止痛。

辣椒湯

但它唯獨不是拿來吃的。

> 番椒，叢生白花，果儼似禿筆頭，味辣色紅，甚可觀。
>
> ——《燕閑清賞箋・四時花紀》

當時的辣椒，跟番茄同姓，叫番椒。

古代中國長期引進外來食物，命名是有相似規律的。

> 秦漢到唐宋之間傳進來的姓「胡」：
> 胡蘿蔔、胡荽、胡椒、胡瓜（黃瓜）。
>
> 唐宋到明清傳進來的姓「番」和「海」：
> 番薯、番茄、番椒（海椒）、番豆。
>
> 清以後傳過來的姓「洋」：
> 洋椒、洋芋、洋蔥、洋白菜。

當了一百年的溫室花朵後，辣椒首次走進廚房是在康熙末年，當時貴州缺鹽。

因為當時實行鹽鐵官賣，鹽的產量少、分配效率低，所以特別貴。再加上貴州山路十八彎，運輸困難，導致貴州人民長期缺鹽。

這時，辣椒從廣東傳到了貴州。

貴州稱它為海椒，機智地用它來代替鹽，沒想到特別下飯。

在此之前，他們只能燒草木灰代鹽、用鹼代鹽、用酸代鹽……

> 海椒，俗名辣火，土苗用以代鹽
>
> ——《思州府志》

200 多年後，國民女神老干媽就要在這裡華麗登場，造福海內外宅男。

雍正乾隆年間，貴州人開始無辣不歡，這帶動了雲南、湖南、湖北、江西、四川等地的飲食風潮，辣椒還順著蜀道傳到陝西，打開了北方市場，一路向西北直達新疆。

所以，貴州人才是吃辣椒的鼻祖。

在元末明初和明末清初，四川戰亂頻發，人口從 120 萬驟減到 50 萬。那群祖傳吃花椒和茱萸的川渝本地居民早就在戰亂裡無辜喪生了。

一方有難，八方移民，為了重振四川，清朝實行「湖廣填四川」的政策。

此時，湖北湖南的辣加上四川的辣，成了如今川渝的麻辣。從蜀道傳到陝西後，麻辣又成了油潑辣子。

一方水土養一方辣椒

　既然辣椒這麼美味，那為什麼廣東和浙江作為入境地卻沒流行起來呢？

　這主要是因為沿海地區捕魚容易，吃海產品得配白飯；另外商品經濟比較發達，也不缺下飯菜；而且江南人民還能吃甜食下飯。

所以辣椒被認為是窮苦人民的食品，不受富貴階層待見！

　湖南人曾國藩身為朝廷重臣，很多下屬想討好他，給他送好吃的。

　據說有一次，廚子端來一碗燕窩，往裡面撒了辣椒粉，下屬非常驚訝。

　廚子偷偷告訴他，大人每頓都少不了辣椒粉。

　就連曾大人都要偷偷吃辣，可見吃辣在皇宮、官僚、地主裡並不常見。

　辣椒進入中國，從觀賞性植物到美食圈裡不可或缺的一角，僅用了四百多年，就迅速獲得了人們的喜愛，還發展出了一系列的美食。

　被辣椒帶得最旺的是火鍋，可見吃辣椒的痛感多麼讓人上頭。

致謝

感謝所有為本書奮鬥的朋友，為此書出版嘔心瀝血的諸位好友芳名刊印於此，以期長存。

功績不問高低，以下排序不分先後：

黃澤濤、劉開舉、肖航、陳震毅、江宗燁、陳麗亞、曾黛琪、馬曉丹、沈雪瑩、楊慧慧、曾凱麟、陳曉笙、商若梅、侯健、湯煥駒、曾煒茵

其中，特別感謝江宗燁（小江）對本書的巨大付出，他對知識的熱愛和追求將永遠地激勵我們。

【特別書封版】

課本上學不到的
漫畫中國史 ①

編　　繪——朕說‧黃桑
主　　編——王衣卉
責任企劃——王綾翊
書籍裝幀——evian

總 編 輯——梁芳春
董 事 長——趙政岷
出 版 者——時報文化出版企業股份有限公司
　　　　　108019 臺北市和平西路 3 段 240 號
　　　　　發 行 專 線—（02）2306-6842
　　　　　讀者服務專線—0800-231-705‧（02）2304-7103
　　　　　讀者服務傳真—（02）2304-6858
　　　　　郵　　　　撥— 19344724　時報文化出版公司
　　　　　信　　　　箱— 10899 臺北華江橋郵局第 99 信箱
時 報 悅 讀 網—http://www.readingtimes.com.tw
電 子 郵 件 信 箱—yoho@readingtimes.com.tw

法律顧問—理律法律事務所 陳長文律師、李念祖律師
印　　刷—和楹印刷有限公司
初版一刷—2022 年 3 月 25 日
二版一刷—2023 年 12 月 22 日
定　　價—新臺幣 420 元

原書名：《课本上学不到的漫画中国史》　作者：朕說
本書中文繁體版由讀客文化股份有限公司經光磊國際版權經紀有限公司授權時報文化出版企業（股）
公司在全球（不包括中國大陸，包括台灣、香港、澳門）獨家出版、發行。
ALL RIGHTS RESERVED
Copyright © 2022 by 朕說
Original edition © 2022 by Jiangsu Phoenix Literature

【特別書封版】課本上學不到的漫畫中國史. 1/黃桑
編.繪. -- 二版. -- 臺北市：時報文化出版企業股份
有限公司, 2023.12
296面；14.8×21公分
ISBN 978-626-374-691-6(平裝)

1.CST: 中國史 2.CST: 通俗史話 3.CST: 漫畫

610.9　　　　　　　　　　　　112020173